功夫探索丛书

太极拳新解

Tai Chi Concepts And Experiments:
Hidden Strength, Natural Movement, And Timing

〔美〕罗伯特·查克罗（Robert Chuckrow）◎著

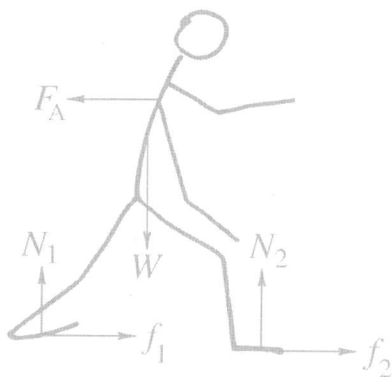

解乒乒　丁保玉◎译

北京科学技术出版社

著作权合同登记号　图字：01-2024-1041

图书在版编目（CIP）数据

太极拳新解 / (美) 罗伯特·查克罗 (Robert Chuckrow) 著；

解乒乒，丁保玉译 . — 北京：北京科学技术出版社，2024.6

（2024.8 重印）

（功夫探索丛书）

书名原文：Tai Chi Concepts And Experiments: Hidden Strength,

Natural Movement, And Timing

ISBN 978-7-5714-3746-6

Ⅰ . ①太… Ⅱ . ①罗… ②解… ③丁… Ⅲ . ①太极拳

Ⅳ . ① G852.11

中国国家版本馆 CIP 数据核字 (2024) 第 049866 号

策划编辑：曾凡容　胡志华
责任编辑：胡志华
责任校对：申　莎
版式设计：优品地带
封面设计：志　远
责任印制：吕　越
出 版 人：曾庆宇
出版发行：北京科学技术出版社
社　　址：北京西直门南大街 16 号
邮政编码：100035
电　　话：0086-10-66135495（总编室）　0086-10-66113227（发行部）
网　　址：www.bkydw.cn
印　　刷：北京盛通印刷股份有限公司
开　　本：710 mm × 1000 mm 1/16
字　　数：217 千字
印　　张：16.75
版　　次：2024 年 6 月第 1 版
印　　次：2024 年 8 月第 2 次印刷
ISBN 978-7-5714-3746-6

定价：99.00 元

编辑者言

《潜确类书》卷六十载：

> 李白少读书，未成，弃去。道逢老妪磨杵，白问其故。曰："欲作针。"
> 白感其言，遂卒业。

李白聪颖，他能"感其意"，并付诸有效的行动。

学功夫，最难的恐怕不是下不了苦功，而是不能"感其意"。

以前，武者多椎鲁不文，常借用日常之物、劳作之事来表达其意，这倒不失为朴素的好办法。世代同乡同里，风俗早就渗进血脉里，所见所感自然无须多费口舌。悟性好的，能"感其意"而化于自身，肯花工夫，功夫终究能上身。

但，离了此情此景，凭几句口诀、几篇拳谱，很难推断出其具体练法。

到如今，科学昌明，武术传承之法也不再局限于口传、身授、心记，图文、视频等都可作为记录手段。书刊之丰富，前所未有。可是，不论是手抄本，还是出版物，抑或是师徒之间的授受，隔山、隔纸、隔烟的困惑从未消失。

这其实是一个匪夷所思的现象。

即使受限于文言之于白话的难懂、方言之于普通话的障碍、授者与受者水平高低之不同，功夫，总归是"人"这一个统统是躯干加四肢的有形之体承载下来的，怎么会变成一门难以自明的学问呢？

于是，不泥古、不厚今，剖开表象，觅求功夫的实质，找到具体而有效的训练方法，让更多人受益于其健养之效，进而对防卫有一定裨益，乃至获得修养之资粮，就是"功夫探索"这套丛书的缘起。所以，不限年代，不限国别，不论是借助多学科的现代分析，还是侧重明心见性的东方智慧，只要是对功夫这种探究人体运动的学问有精诚探索的读物，都在本丛书所收之列。

当然，我们已知的科学不能穷尽功夫的原理，更不能穷尽人体的奥秘。

正因为如此，我们不应排斥先贤的智慧，更不应止步于此。

共勉。

2019 年 9 月

推荐

罗伯特·查克罗博士一生致力于对太极拳的深入学习与实践，并勤于教学，积极推广武术。他通过在社区推广武术来提升个人实力，这为我们树立了榜样。现在，他通过本书展示了他深入探索武术实践的决心。

——曾帆祥

武术大师

中心道创始人、意力拳掌门人

《意力拳——武术的意识》（*I Liq Chuan—Martial Art of Awareness*）和《意力拳体系指南》（*I Liq Chuan System Guide*）等书的作者

我很高兴给大家推荐这本关于太极拳的新著作，作者罗伯特·查克罗博士是我的朋友，也是我在太极拳培训班的同学。查克罗博士热爱太极拳，一直孜孜不倦地学习和研究太极拳。作为一名西方科学家，他深入研究了深奥的太极拳术语、原理和教学方法，并为西方人重新诠释了其内涵。

——劳伦斯·加兰特（Lawrence Galante）

博士

《太极拳：终极能量治疗》（*Tai Chi:the Supreme Ultimate,Energy Healing*）的作者

纽约全人艺术中心（The Center for Holistic Arts, NYC）主任

纽约州立大学（State University of New York）教授

作者罗伯特·查克罗在他最新的作品中展示了他对太极阴阳理论的

认识和太极拳的教学观点，非常具有启迪性。查克罗出色的研究解决了很多困扰太极拳初学者的难题，并为教练们提供了很多分享太极拳这门艺术的新工具。这是太极拳各层次习练者的必读作品，不容错过。

——陈兴华

少林寺第 32 代弟子

《少林之旅》（*Shaolin Trips*）一书作者

《功夫杂志》（*Kung Fu Magazine*）出版人

《功夫太极》（*Kung Fu Tai Chi*）前出版人

罗伯特·查克罗是一位教师、物理学家，他将自己领悟到的所有知识系统化并分享给他人，使他人受益。在本书中，他把自己所学的物理学知识和太极拳技法结合起来，读者不用去研读神秘的中国古文就可以清晰地理解这门艺术。

人们学习太极拳的目的会有所不同，有些人是为了健康，有些人是为了自卫，还有些人是出于哲学研究或精神方面的原因。有些人练习太极拳多年却不了解自己在做什么，虽然他们通过练习太极拳变得更健康，对周围的世界更敏锐，但是他们会错失深入学习太极拳所带来的令人惊叹的益处。本书将会带你进行更深入的探索。

——肯·范·西克尔（Ken Van Sickle）

纽约大学（New York University）名誉教授

郑子太极拳大师

美国彼得·厄本（Peter Urban）空手道黑带三段

《肯·范·西克尔摄影集》（*Ken Van Sickle Photography*）的作者

罗伯特·查克罗的新书在太极拳的物理学方面、精神方面和治疗方面提出了深刻的见解。他对自然运动和扩张力的讨论非常具有启发性和参考价值。查克罗博士鼓励读者去实践他所阐述的理论，以便亲身体验扩张力的感觉及其所带来的治疗效果。他提倡批判性思维，回顾了历史观点，澄清了经典观点。本书将帮助所有太极拳习练者学习这门古老而有影响力的艺术。

——凯瑟琳·库罗苏（Catherine Kurosu）

医学博士

执业针灸师

《真正健康》（*True Wellness*）系列书籍的合著者

罗伯特·查克罗讲授这种松柔的武道艺术的方式给我留下了深刻的印象。在本书中，查克罗博士关于扩张力与收缩力的讨论对我的日常练习很有帮助。接下来的每一章都提出了我以前从未考虑过的新见解和新想法，以及我可以直接实践的新的练习方法。

——乔·瓦拉迪（Joe Varady）

武术大师

教育学硕士

《长棍技击的艺术与科学》（*The Art and Science of Staff Fighting*）和《短棍技击的艺术与科学》（*The Art and Science of Stick Fighting*）等书的作者

本书关于扩张力、"陆地游泳"、根劲、自然运动、放松、时机等内容的阐述，都能够更好地引导我们研究、练习和理解太极拳。查克罗博士是一位经验丰富的太极拳练习者和教练，他写这本书的时候很注重细节，就和他教物理时一样。

——马里奥·纳波利（Mario Napoli）

空手道黑带和柔道黑带

自 1988 年起练习太极拳，2000 年中国陈家沟太极拳推手大赛冠军作为一名物理学家，查克罗提供了太极拳研究的独特视角。作为郑曼青的学生，他经过多年的探索和研究，对这项非凡的艺术有了深刻的见解。

——巴里·斯特鲁加茨（Barry Strugatz）

电影制作人

纪录片《教授：太极拳的西行之旅》（the Professor: Tai Chi's Journey West）的导演

这本书是对水平最高的太极拳大师所著经典的出色诠释。查克罗博士用简单易懂的语言写出了这些想法和概念，并用现代物理学原理和人体运动力学解释了这些概念。他还给出了许多例子，以帮助太极拳习练者从一个新的角度了解太极拳的原理。本书是所有想要认真学习太极拳的学生的必读书目。

——伦纳德·安东努奇（Leonard Antonucci）

跆拳道黑带五段

纽约长岛大学（Long Island University）健康科学专业教授（已退休）

阅读查克罗教授的书你就会发现他在书中论证了什么是有效的运动，无论是太极拳还是柔道。查克罗教授所讲的"多余的动作是不自然的"这一点也可以用在柔道中。另一个很实用的智慧就是，"使用尽可能小的动作可以使你有效地移动"。

——史蒂夫·斯科特（Steve Scott）

《柔道的优势》（The Judo Advantage）、《臂锁技术百科全书》（The Juji Gatame Encyclopedia）和《桑搏百科全书》（The Sambo Encyclopedia）等图书的作者

这本书重新燃起了我对太极拳艺术深入探索的热情。

——皮特·多尔蒂（Peter Doherty）

矫正运动高级培训师

空手道黑带

太棒了！一位精通太极拳和物理学的高水平教师，用他50年的经验带我们一起探索中国最具影响力的内家拳。他撰写的每个部分都在向我们提出挑战，加深我们对这奇妙实践的理解。这是每个太极拳练习者，甚至每位武术家都应该阅读并珍藏的参考书。

——迈尔斯·安格斯·麦克凡（Myles Angus MacVan）

太极拳专家

书评

　　这本太极拳入门的书用科学的方法揭开了中国武术太极拳的神秘面纱。

　　查克罗是《太极动力学》（*Tai Chi Dynamics*，2008 年出版）一书的作者，是一位物理学家，也是一位太极拳大师。他阐释了武术大师们看似矛盾的教导，如练习时"不要使用力量"的告诫，并用现代的物理学和生物学的观点进行解释。他将"扩张力"的概念引入太极拳，形象地形容这种力如同"液压"，认为身体组织可以在生物电刺激的作用下主动扩张。他认为，扩张力要比一般的肌肉收缩力更好，因为扩张力不会产生代谢废物或向攻击者传递自己的意图。他还运用了物理学知识进行了解释，甚至在注解中用方程式来解决太极拳的问题，如在推手比赛中如何保持平衡的细节：如果 A 对 B 施加一个力 F，根据牛顿第三运动定律，B 会自动对 A 施加一个与 F 大小相等且方向相反的力。为了保持平衡，A 必须做出应对，使他的脚在地板上产生的总摩擦力与 B 对他施加的力相反（见第 44 页图 5-2）。本书通过对基本身体动作的详尽分析探讨了太极拳的主要因素，如上步的过程：a.当膝关节 k 开始沿弧形向前移动时，小腿会相对于大腿向后摆动。b.膝关节停止移动，之后小腿向前摆动，经过 c 到 d。d.小腿经过自由向前摆动，直到脚跟触碰地面（见第 137 页图 10-9）。又如坐下的过程：真正的太极拳练习者会先慢慢地降低自己的重心，在并未受到任何支撑的情况下使身体与椅子接触，然后谨慎地转移重心，直到安全地、完全地坐下（见第 127 ~ 128 页）。生理学家可能不太能够理解查克罗对"扩张力"概念的解释，但在其他方面，如自然运动的基本原理，查克罗利用图表解释得相当清楚。练太极拳的学生可以从作者那里获得有关基本运动方法的深厚的理论基础，以及丰富有用的练习方法，以促进自己的实践。

本书内容丰富，在介绍太极拳基本原理的同时，还结合作者的亲身实践对太极拳理论进行了广泛的讨论。

柯尔库（Kirkus）

致谢

  感谢曾帆祥和伊莱恩·萨默斯（Elaine Summers）使我理解了扩张力。

作者（左）和曾帆祥（肯·范·西克尔摄）

伊莱恩·萨默斯（左）和作者（肯·范·西克尔摄）

我感谢我的教练们，特别是郑曼青、陈至诚、伊莱恩·萨默斯、艾丽斯·霍尔特曼（Alice Holtman）、哈维·索伯（Harvey Sober）、凯文·哈林顿（Kevin Harrington）和曾帆祥。我也要感谢我的同学和我的学生。所有这些人都对我自身的教育和发展做出了巨大的贡献。

作为一名教练，皮特·多尔蒂的知识极大地促进了我对扩张力的理解，特别是对它在改善脊柱力学对线方面的贡献很大。我很感谢奇普·卡特（Chip Carter）、迈克尔·埃伦赖希（Michael Ehrenreich）、格雷戈里·法尔金（Gregory Falkin）、乔·安·坦嫩鲍姆（Jo Ann Tannenbaum）、罗伯特·蒂普（Robert Tipp）、保罗·伍德（Paul Wood）和艾伦·齐默尔曼（Alan Zimmerman），他们为本书的早期草稿提出了建议并指出了错误。罗伯特·蒂普在研究和阐释书中所涉及的汉字方面提供了特别大的帮助。我感谢埃德·扬（Ed Young）解释了"时中"一词的原本含义，郑曼青大师在为他的太极拳学校命名时用的就是这两个字。我也感谢我的妻子露丝·贝利（Ruth Baily），感谢她经常帮助我解决措辞问题。

我感谢戴维·里皮安齐（David Ripianzi）在概念表述方面的指导和建议，感谢莱斯莉（Leslie）对动觉觉知法出色的编辑能力。我也感谢文案编辑多兰·亨特（Doran Hunter）坚持不懈地寻找提高照片清晰度的方法，大大地提高了本书的质量。

我感谢露丝·贝利、迈克尔·迪梅奥（Michael Dimeo）、皮特·多尔蒂、肯·范·西克尔、乔·安·坦嫩鲍姆和艾伦·齐默尔曼为本书拍摄照片。我还要感谢艾伦·郑（Ellen Cheng）允许我使用她父亲郑曼青的照片。

我特别感谢英国的彼得·瓦利（Peter Varley），是他建议我联系华盛顿州立大学的杰拉尔德·波拉克博士。波拉克对水和细胞的研究为解释扩张力提供了一个可行的科学研究机制。当然，我也相当感谢波拉克博士所做的工作，感谢他愿意回答我在这方面的问题。

作者的话

书中的一些内容使用了基础物理学的概念来进行解释，即使是不熟悉物理学的读者也可以直观地理解这些概念。我已尽最大努力保证内容准确，以期对读者有所帮助。书里所写的内容都是我自己的亲身体验和经历。其中可能会有排版、印刷或内容上的错误，或者某些内容可能不适用于一些人，我希望读者在应用本书中的信息和观点时持有怀疑和谨慎的态度。读者可以对本书中任何有争议的部分进行思考，而不是将其作为最终的信息来源。

读者在购买本书时还需要了解的是，作者和出版商都不会以此提供医疗或其他方面的建议。如果读者需要医疗咨询或其他方面专家的协助，应去寻求合格的医疗保健专业人员的服务。因此，无论是作者还是出版商，都不会为直接或间接应用本书所表达的知识或理念而造成的任何伤害负责。

本书作者的两名太极拳学生，左为威廉·拉考沃（William Rakower），右为迈伦·戈登（Myron Gordon）。拍摄这张照片时，两人都已经 99 岁了

前言

我为什么要写这本书

在我研究太极拳的半个世纪里，我发现关于太极拳某些基本要素的解释，要么不够清楚，要么根本没有。具体为：①扩张力的锻炼，它不是源于肌纤维收缩产生的神经脉冲，而是来自不同类型的动作；②从腿部到臀部，再延伸到手臂的最佳运动时机。我担心大多数太极拳练习者会永远丢失这两个基本要素，特别是杨式太极拳的练习者。

几个世纪以来，太极拳经典著作都强调了最大限度地放弃力的重要性，同时也强调了锻炼一种被称为"棉里裹铁"的力。一方面，身体必须完全放松，哪怕是最轻微的触碰都会让身体动起来；另一方面，在练习太极拳套路的时候，整个身体必须能够在各个方向上显示出强大的力量。这两个观点似乎是相互矛盾的。

在过去的几十年里，我终于明白这二者之间并没有矛盾，它们只是两种不同的力——收缩力和扩张力。放弃收缩力是获得扩张力的必要条件。我从我的老师身上所观察到的现象，以及太极拳经典著作中所描述的理论，都证实了这一观点。

写本书的一个主要目的就是解决用力与不用力之间的矛盾，并使读者能够获得扩张力。另一个目的是阐明躯干相对于手臂旋转的最佳时机，以便最大限度地将脚部的运动转移到躯干，再转移到手臂，并提供识别和掌握这个时机的方法。

虽然我的一些分析涉及基础物理学的应用，但是读者不需要知道任何物理知识就可以获得其期望得到的解释，因为最后的结论描述得简单明了，给出了直观的例子，并提供了各种实践方法供尝试。对缜密的物理推导感兴趣的读者则可以查看附录。

内容概述

第一章论述了放松的概念。接下来阐述了扩张力的概念。本书提供了适用于读者感受这种力量的实践方法，还提出了生理学上的论据。然后我展示了扩张力的优势，它在治疗方面的特性，以及它如何才能出现在太极拳的动作中。

第七章、第八章讲解了平衡和根劲。还有几个章节阐述了在不考虑速度的情况下如何实现自然运动及其时机。第十三章阐析了郑曼青关于太极拳物理学的理论。其他章节讨论了自我修炼和如何在学习太极拳的过程中取得最大的进步。

谁应该读这本书

教练和太极拳的进阶练习者会发现，本书对基本要素的清晰解释和观点很少。其中的一些内容可能与他们此前的太极拳练习或其他训练相矛盾，或他们从未接触过，这将会为他们提供更多的思想食粮，并加速其进步。

有一定经验的太极拳练习者会发现书里提出的想法将增强他们已有的理解。

最后，初学者理解其中的一些想法会有一些费力。但对大多数初学者来说，接触这些想法会在未来有所回报。

目录

第一章　放松 001

001　师从郑曼青

001　杨澄甫对放松的强调

002　放松的意义

003　达到松的状态

003　放松对太极拳动作稳定性的重要性（根）

005　推手

005　一种看上去很明显的矛盾

006　浅析关于"不用力"的悖论

第二章　扩张力 009

010　背景

011　当前关于肌肉活动的观点

011　收缩力和扩张力之间的差异

012　扩张力的若干实践证据（你可以做的实践）

018　如何确认你正在使用扩张力

019　一种有前景的扩张机制

第三章　"陆地游泳" 021

021　郑大师的建议

022　我最初的怀疑

022　我最终的认识

024　精神方面

025 "僵尸式太极"

025 "陆地游泳"只是识别内劲的工具

第四章 太极拳名家关于意念、气、力的阐述 027

027 力、劲和内劲

028 气、呼吸、内劲与外劲

031 郑大师对两种不同力量之间的区别的分析

032 进一步阐释郑大师的论述

033 对杨澄甫关于力的评述的分析

035 呼吸与丹田

036 健康方面

036 实战方面

038 意念、呼吸、气和力量

040 总结

第五章 太极拳中使用扩张力相对于收缩力的优势 041

041 对比使用两种力时变招的敏捷度

042 稳定性

043 平衡

046 警觉

046 扩张力对健康的益处

047 杠杆和精细运动控制

049 形成整劲

050 培养生物电的通路

051 自卫中的隐蔽力量

第六章 在健康领域使用扩张力的指南 053

053 扩张力矫正上背部的力学对线

060 利用扩张力矫正腰椎的再讨论

065 利用缓慢、放松的动作来改善颈椎问题

067 用扩张的方法缓解跖筋膜炎

第七章 平衡 069

069 重力

070 腿部力量和灵活性

074 寻找脚的中心点

077 膝关节、踝关节、足弓的力学对线

079 质心

082 平衡实践

085 视觉

087 其他因素

第八章 对根劲与千斤坠的分析 089

090 保持身体稳定的最优条件

092 内部的因素

第九章 自然运动 095

095 理解自然运动

096 自然运动的要素

097 独立的动作

098 研究自然运动的原因

102 实现自然运动

104 研究自然运动的工具

105 一些基本的物理学概念

110 有生命和无生命的自然运动

第十章 迈步如猫行 125

125 太极拳的步法

125 阴和阳

126 身体重量的转移

128 迈步如猫行的困难

130 迈步顺序：脚跟先落地，脚尖先落地，还是整只脚同时落地

132 练习太极拳动作中的向身侧迈步

135 自然地迈步

137 迈步时后腿向前的摆动

138 迈步时前腿向前的摆动

139 在合适的时机迈步

140 关于正确迈步的实践

143 走路时手臂的摆动

第十一章 周期运动及其时机 145

145 周期运动

146 周期运动术语

148 驱动周期运动

150 线性、驱动、水平周期运动（如封似闭）

150 对如封似闭动作的分析

151 如封似闭动作的时机的重要性

152 单鞭中右臂的圆周运动

153 离心效应

154 重力作用下的离心效应

155 圆锥摆

156 身体围绕垂直轴左右转动，手臂左右来回摆动

157 摆动的好处

160 发放

第十二章 其他物理学概念 163

163 约束

167 不打滑地滚动

第十三章 对郑曼青揭示的太极拳秘传的理解 171

171 基本概念

173 化解

180 攻击

181 陈炎林的抵御攻击的方法

183 总结

第十四章 无为、有为和"手非手" 185

185 无为

186 意图的心理传递

189 手非手

193 意图的远距离传递

第十五章 使你在太极拳中的进步最大化 197

197 学习太极拳

198 学习太极拳的障碍

200 清除练拳过程中的障碍

204 在运动技艺中过度使用观想画面的危险性

206 验证你的进步

208 结语

第十六章 对太极拳的剖析 209

209 内家拳与外家拳

210　举起与放下

213　虚实、阴阳悖论

214　太极图的变化

215　太极拳的器械

217　对太极拳练习的一些误解

220　杨式太极长拳和郑大师的简化太极拳套路

222　太极拳的普及

附录　223

223　矢量加法的基础知识

227　对根劲与千斤坠的补充分析

232　对悬挂的杆摆动的分析

参考书目　239

后记　241

第一章 放松

师从郑曼青

我从1970年开始学习太极拳，在纽约运河街211号的太极拳协会，师从郑曼青大师（1902—1975）。那时我才33岁，如今①我已经84岁了。

那时，我对太极拳几乎一无所知。我是为了解决身体十分僵硬、不协调的问题而半信半疑地选择了太极拳。

郑大师只会说中文，他讲解技术动作时也只使用中文，而我不懂中文，一个字也不会说。我问他的所有问题都要先被翻译成中文，然后再将郑大师的答案翻译成英语。此外，郑大师也会用各种手势与我交流。

在课堂上，郑大师反复叮嘱我们的最重要的事就是"放松"。事实上，关于放松的问题也是我和同学们问得最多的。

当我学会放松时，我发现放松对我做的每件事都有帮助。我开始意识到我在使用台锯、弹羽管键琴、洗碗、开车时，甚至在早上起床时，身体都存在着很多不必要的紧张。

杨澄甫对放松的强调

郑曼青是杨澄甫（1883—1936）的亲传弟子。杨澄甫被认为是20世纪中国十大武术家之一。在那个有着无数高水平武术家的时代，这

---

① 本书英文版出版时间为2021年。——译者注

绝对是一个相当大的成就。

在课堂上，郑大师说，杨澄甫先生强调最多的就是放松。以下是郑大师所说的原话。

放松。我的老师每天都会把这些话重复很多次："放松！放松！完全放松！整个身体都应该完全放松下来！"否则他就会说，"没有放松，没有放松。如果你不放松，你就会像个沙包一样。"

"如果你不放松，你就会像个沙包一样"这句话可以这么理解：当你与一个善于使用柔劲的高水平太极拳习练者进行真正的对抗时，如果你不放松就只能挨打。

放松的意义

我花了很长时间才明白，中文"松"在英文中一般被翻译为"relax"。"松"字的繁体由"髟"（代表头发）和"松"（松树）两部分组成（图1-1）。

图1-1 "松"字的繁体字，在英文中，它通常被翻译成"relax"

"鬆"字里下垂的树枝和头发，暗指让肌肉组织放松到像头发那样，柔软得看不见任何力量。放松是"鬆"字的其中一个含义，它还有一个含义是支撑（该字的下半部分暗示了这一点）。也就是说，当你处于一种放松的状态时，尽管肌肉组织放松下垂，但是你的骨骼在为身体提供一个向上的支撑。所以，太极拳中提到的"松"应该理解为肌肉虽然放松，但是骨架仍保持了其整体性和最佳的力学对线。

达到松的状态

我们可以通过以下实践让自己达到松的状态。

● 实践 1-1

双脚平行站立，保持舒适的距离。释放身体所有的紧张。想象你泡完热水澡出水时的那种松弛的感觉，尤其是当你躺在浴缸里，把水排干时身体的感觉。放松你的眼睛（想象你的眼球被液化，它们聚集在眼窝里）。放松你的太阳穴、鼻腔、下巴、舌头、喉咙、肩膀、背部、手臂、胸部、上腹部、下腹部、腿。感受你的骨骼支撑着你身体所有的重量。头不要下垂，而是向上伸展，不要收缩你的颈部肌肉。

放松对太极拳动作稳定性的重要性（根）

"松"的另一个意思是根。也就是说，达到松的状态，你的重心会变低，你就像一棵树一样扎根于大地。

● 实践 1-2

双脚平行站立，保持舒适的距离。释放身体所有的紧张。重新想象你泡完热水澡出水时的那种松弛的感觉。放松实践 1-1 中提到的所有的身体部位。感受你的稳定程度，然后绷紧胸部，你会感觉自己身体的稳定性在增加。

● 实践 1-3

以 70-30 姿势站立（图 1-2）。让你的搭档向后推你。然后你绷紧上半身，同时注意搭档是如何轻松地使你移动的。然后你从上到下放松所有的身体部位，再让搭档以同样的力量推你，你会发现自己的稳定性增加了。

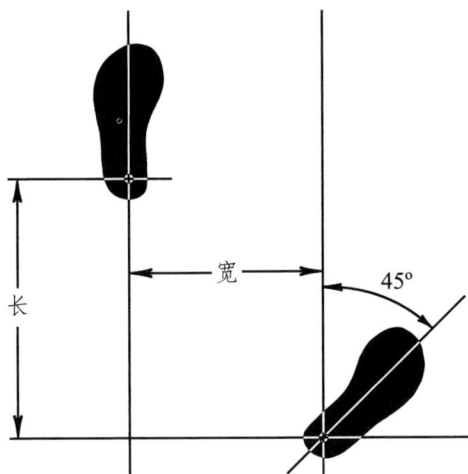

图 1-2 这是以 70-30 姿势站立时脚的位置。后脚朝外的方向与站立的方向呈 45°角，并承受着身体 30% 的重量。两脚分开，与肩同宽。如果你想测试双脚之间的宽度，可以以你的后脚脚跟为轴向内旋转，直到它的中心线与你的前脚平行，这两条中心线之间的距离应该等于你的肩宽。在测试前后脚之间的距离时，可以把你 100% 的重量移到后腿上，让你的前腿自由地随着重心向后拖动直到停止。如果前腿向后移动了，就意味着你最初以 70-30 姿势站立时，前脚伸得过远，过早地把重量移到前脚上了

健康

郑大师曾提醒我们："我们的祖先是四肢着地行走的，他们身体的中段是挂在脊柱上的。"器官、腺体和身体其他组织在行走每一步

时都能够健康地运动。这种行走方式还促进了血液的自由流动，使血液将氧气和营养物质输送到细胞中，并将废物排出体外。尽管直立行走为人类发展提供了巨大的益处，但是我们也为此付出了健康的代价。直立行走让我们的器官堆积在一起，几乎不能自由活动，只能被动地接受营养和实现清洁。现在我们已经没有回头路了，当然，我们可以通过放松和做健康的运动来减少直立行走给身体带来的损害。

精神

"松"也体现在精神方面。通过释放身体上不必要的紧张，我们也在为释放错误的想法，以及为降低情绪系统爆发的频率做准备。但是，在这条路上，我们需要持续保持警惕的、批判的和客观的自我观察，以及始终如一的努力。成功绝对不是自动产生的。

推手

我跟着郑大师学了一年的郑式太极拳套路后，就开始学习推手。这是一种双人练习，双方都试图按照太极拳的规则来让对方失去平衡。同样我们也被告知，不能使用任何力量，要完全放松。问题是，怎么才能在不使用力量的情况下推动别人呢？当郑大师推学生时，总是轻轻触碰。每当他推我的时候，我都感到十分惊讶，为什么他可以如此精确，以及他把我发出去时所需要的力量是如此之小。但不可否认的是，推手仍然需要一些力量。

一种看上去很明显的矛盾

因为我看到了学习和练习太极拳的价值，所以我忽略了不用力来做这些动作明显是不可能的这个看上去很明显的矛盾，而只是先让自己以最放松的方式做动作。

然而，我如何能在不使用任何力量的情况下抬起一只胳膊，甚至移动一根手指？这个问题仍未得到解答。当然，我知道放弃所有多余的力量，可以更有效地完成这些动作。郑大师反复要求我和我的同学们做太极拳动作时不要使用任何力量。我认为不使用力量显然是不可能的，而高水平的学生坚持认为是可能的。

我能理解到的是这样一种可能的解释，即将力量减少到最低限度，我不应该从字面上理解"不用力"。太极拳作为一种技击术，于数百年前在中国形成，而且在很长一段时期内，它一直处于顶级技击术的地位。但是太极拳训练中关于不用力的要求，似乎与它的格斗特性是对立的。斯坦利·伊斯雷尔（Stanley Israel，1942—1999）是一位有着非凡成就的武术家，也是郑大师学校的高水平学生，他曾说："不可能有一种不使用某种力量的武术。"

如前所述，"鬆"字中有一棵"松"树，它有强壮的树干和向下垂着的树枝。树干可以看作阳（向上伸展），垂着的树枝可以看作阴。但是在太极拳的理论中，树干也可以看作阴，因为它具支撑性，并扎根于大地，没有产生扩张运动的力量。为了平衡阴阳，就需要"松"来对应阳。我后来的老师哈维·索伯和山姆·秦（Sam Chin）也展示和强调放松是武术所必需的。

浅析关于"不用力"的悖论

杨澄甫的主要训诫是"放松"，他同时也说，太极拳刚柔相济。此外，杨澄甫还说："外如棉花，内似钢条，犹如棉花裹铁之理。"

郑大师除了要求我们放松外，还告诉我们什么是"陆地游泳"（会在第三章介绍），并建议我们感受空气带来的像在水中一样的阻力。他还说道："当你取得更大的进步时，不仅会感觉空气的阻力比水的阻力还大，而且会感觉它像铁一样。"这也就是说，练习"陆地游泳"可以培养出显而易见的身体力量。

郑大师、杨澄甫的讲述和太极拳谱中的理论都暗示，除了"不用力"之外还有另外一种力量。这种力量只有先释放习惯性的常规力量才能产生和发展。

乔治·K.W. 何（George K.W. Ho）博士在《太极杂志》（*Tai Chi Magazine*）上发表的文章有助于解释杨澄甫所使用的"松开"一词。这个附加的"开"字（图 1-3）包含了开放、激活和扩展的意思，完美地表达了平衡松所需对应的阳！

開 闎

图 1-3　左边繁体的"開"字的意思是打开，是由"門"（门的繁体字）和里面的小"开"字组成。右边的篆字是两只手和一个锁住门的门闩，暗示有人要打开大门

"开"字表示激活的意思，如"把水烧开"或"打开电视"；也可以作为一个动词表示扩张或发展，如"该消息已传开"。

本书的主要目的之一，就是展示如何通过一种非传统的方式，即尽量减少使用常规力量（肌肉力量），来帮助练习者变得强大。这种方式与通常认为的"更多地锻炼和使用常规力量（肌肉力量），才会使人变得更强有力"的方式相左。太极拳中的力，应该是针对常规力量（肌肉力量）进行更精确、更细致的练习而获得，并将对常规力量（肌肉力量）的运用始终保持在最低限度。

接下来的几页将会介绍很多关于松的内容，以及为何在太极拳练习中培养这种传奇般的力量是必须的，而且是无止境的。很重要的一点是读者要保持开放的心态，不要将这门艺术中的非传统方面的内容拒之门外。

第二章 扩张力

太极拳中是否存在着一种至简的、只在经过一定的训练后才能运用的劲力？或者说，是否存在着两种截然不同的劲力，一种是普通的肌肉收缩后产生的力量，另一种不涉及肌肉收缩，而是完全不同的劲力？如果真的存在两种类型的劲力，那么它们是交替作用的还是同时作用的呢？

我们将探讨身体组织在生物电刺激的作用下能够主动扩张的假说。自 20 世纪 70 年代中期以来，我就一直在思考和验证这个假设，并且越来越相信它的真实性。之前我所引用的证据都是基于我和其他人的个人实践经历，而现在，华盛顿州立大学（Washington State University）的杰拉尔德·波拉克（Gerald Pollack）博士主持的一项正在进行中的科学研究也支持了这些实践证据。他主持的是关于水及其对细胞活动的影响的研究，证实了一种身体组织可以主动扩张的机制。这种机制与我几十年来一直在经历和讲述的东西密切相关。当我把这种机制教给其他人时，他们也同样可以体验到。

身体组织扩张涉及意念，似乎是神经电脉冲（electrical nerve impulses）起了作用。但也可能还有一种不同的、进化得更高级的、本能的电传递（electrical transmission）生物学机制。你可以看一看原生动物（单细胞的小型动物）移动的视频资料，你会发现它们会吞噬微小的猎物，会有目的地四处乱窜，似乎是在避开障碍。然而，它们没有肌肉、眼睛或已知的神经系统。我们是从单细胞生物进化而来，也许我们保留了本能的感知机制和改变细胞状态的机制，这些机制涉及神经系统的电传递。因此，下文将使用通用的术语"生物电

（bioelectricity）"来指由生物体产生的或在生物体内部发生的电势和电流。

首先，我将解释我是如何关注到"扩张力"这个概念的。其次，我将提供一些实验帮助读者去探索扩张力。最后，我会总结一种很可行的运用扩张力的机制。

背景

1974 年，我在伊莱恩·萨默斯（1925—2014）的指导下，开始研究动觉觉知法（Kinetic Awareness，KA）。动觉觉知法是萨默斯首创的自然运动和自我觉知的系统，包含了肌肉可以主动伸展的理论。萨默斯将肌肉主动伸展的力称为"扩展张力（extension tension）"。她对身体运动的分析、帮助受伤舞者康复都是基于这个理论。不使用大多数人都习惯的肌肉收缩力，慢慢地、有意识地、无痛地伸展创伤部分的组织，会对损伤治疗带来很大的益处。

放松、正念运动具有治疗效果是因为它促进了气和血的流动，而这两者在肌肉收缩时都会不同程度地受到限制。血液将氧气和营养物质输送至受伤区域，并把废物从受伤区域运走。此外，放松、正念运动所产生的生物电还刺激了有益物质的吸收和废物的排放。

几十年前，我开始意识到扩张力是太极拳中内劲产生的关键。"内"指的是内在，"劲"指的是力量。这一认识大大地提高了我在太极拳习练方面的进步。

2008 年，我在《太极动力学》一书中提出了肌肉可以主动伸展的假设。我用这个假设来解释自然呼吸和逆式呼吸，以及内劲（由内修产生的力量）和力（未经训练的力量）之间的重要区别。此外，我还将这个假设应用到其他一些令人难以理解的太极拳实践中。扩张力的概念也有助于解读太极拳谱中的其他深奥的内容。之后，我讲述了我所体会到的肌肉伸展就像液压一样，可以将身体任何部位的压力变化传递到身体的其他部位（"浑圆一体"）。

当前关于肌肉活动的观点

当前关于肌肉活动的观点主要集中在以下几点。

（1）肌肉活动单纯地是由肌纤维纵向收缩引发的。

（2）肌纤维的收缩是由来自大脑、脊髓或其他肌肉的神经冲动激活的。

（3）肌肉总是成对出现的。

（4）一侧肌肉的收缩会导致另一侧肌肉的拉长（伸展）。

下面的讨论均与上述观点一致，除了（1）中"单纯地"一词之外。也就是说，我提出了一种假设，即肌肉（或身体的其他组织）可以以另一种方式被拉长（或扩张），而不是仅仅通过相对肌肉收缩的方式。也就是说，我们假设收缩并不是肌肉活动的唯一特征，肌肉（可能还有其他的身体组织）还可以通过扩张的方式来主动地产生动作。

收缩力和扩张力之间的差异

扩张力更适合于敏锐地完成短距离的、精确的动作，以及维持一个姿势来对抗敌对力量，或化解一个即将到来的进攻。短距离的动作符合太极拳的原理，即化解和打击的力量来源于腿部和腰部，而不是手臂。

其根在脚，发于腿、主宰于腰、形于手指。

——张三丰

因此，扩张更适合于太极拳的动作，太极拳的动作需要身体各个部位统一地完成各自的短距离动作。

切记：一动无有不动，一静无有不静。

——武禹襄

以上所说的这些可以解释为，身体的每个部位都主动地参与运动，并且是充分参与到运动中去。在扩张动作中，身体的所有部位都统一参与时，单个部位付出的努力就相对较小，整个身体则可以完成一个适度的、相对较大的动作。

日常生活中的大多数动作利用肌肉收缩来完成是合适的。幅度较大的动作，以及在短时间内需要巨大力量的动作都是利用肌肉收缩完成的。但是，我们在做太极拳的动作时，寻求培养一种特别的、非传统的、放松的扩张力。这种力量不仅适合健身，而且适合太极拳技击。

扩张力的若干实践证据（你可以做的实践）

下面的实践至少会让你对"扩张力是不可能控制的"这一观点持怀疑态度。

你在尝试下面的实践时，为了使效果最大化，需要注意以下几点。

（1）尽可能地放松运动的肌肉因收缩带来的紧张。

（2）在放松的状态下，想象一个并没有实际做出来的动作，就可将神经电流从大脑和脊髓发送到完成想象动作的身体部位。

（3）感受（1）和（2）中所达到的状态，并捕捉这种感觉。

（4）然后在做实际动作的过程中重现想象中的感觉。

● 实践 2-1　扩张你的上腹部

感觉你的上腹部（下腹部向两侧和腰背部扩张）主动扩张的能力，对于你能否认识到扩张力并将之延伸到身体的其他部位是很重要的。识别这个模式的一种方法就是在你可以做的事情中去感受——即使是你无心做的事情。当你呼吸时，这种扩张会自然发生，但你不一定会意识到。我们的目标是学会那种独立于呼吸的、主动的扩张。下面的实践需要两个人参与。

如图 2-1，A 站在 B 身后，并把手放在 B 的腰部，在肋骨下面即可。然后 A 用力按压 B 的腰部，B 向前、向后、向两侧扩张她的上腹部，试图将 A 的手向外推开。A 感受到自己手上的阻力增加时就告诉 B，这样 B 就知道她成功使用了扩张力并锁定这种感觉，以便她之后能够再次找到这种感觉。如果 B 需要 A 施加更多的压力来找到这种感觉，A 可以用两只手的虎口来按压。

一旦 B 成功地扩张了她的上腹部，A 和 B 就可以交换角色。之后，

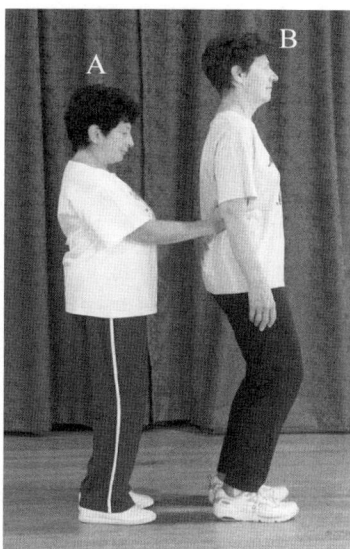

图 2-1　扩张上腹部练习

在练习健身气功和太极拳时，练习者应主动扩张身体的其他部位。

主动而不用蛮力扩张你的上腹部，除了作为感受扩张力的工具外，对于做逆式呼吸和全身贯通也是必不可少的。

注意： 深呼吸时，腹部可以主动扩张，这有助于你去感受扩张力。但我们的目标是能够自主地、独立地扩张，无论是在吸气时还是在呼气时。

● 实践 2-2 打开双手

坐或站均可，尽可能地放松。把你的手臂放在身前，确保你的手能够自然放松，并与身体保持一个舒适的距离，想象你的双手抱着一个正在膨胀的气球。记住，一开始不要做任何实际的动作。然后，非常缓慢地把你的双手张开一点点，想象这样做是气球膨胀的结果。要特别注意比较手掌、前臂内侧与手背、前臂外侧的感觉。看看在不失去刚才提到的那种感觉的情况下，你的双手能张开多少。

当你熟悉了主动扩张带来的感觉之后，试着用常用的方式，即通过收缩连接到手背的肌肉来张开你的双手。同样，当你的双手张开时，要特别注意比较手掌、前臂内侧与手背、前臂外侧的感觉。看看通过收缩肌肉，你的双手能张开多少。注意其中的感觉。

比较一下通过主动扩张和肌肉收缩打开双手这两种方式在感觉上的不同。扩张只会使你的双手稍微张开一点，不会使你的手指伸直，而收缩会导致你的手指过度伸展（向后弯曲）。最后，比较在两种方式下气在双手中的感觉。我想你会发现，扩张提供了更多的气。在第三章介绍"陆地游泳"的内容中，有一些识别和感觉气的实践。

你或许无法用主动扩张的方式把双手张开很多，这是因为你被想象中的那个膨胀的气球将手撑开的画面给束缚了，那个气球总是凸出到手掌外。实际上，画面只是一种感受除了由肌肉收缩产生的力之外的另一种劲力的方式。一旦体验到了这种感觉（可能需要经过多次尝试），你就应该抛开画面，只专注于体验这种感觉。

● 实践2-3　扩展并加大你的手指之间的距离

重复之前实践2-2中的步骤，只是将手指间的距离稍微加大一些，然后恢复手指自然松开时的间距。

● 实践2-4　转动你的手腕

双脚平行站立。向前伸展一只手臂（如左臂），让手腕保持自然的状态（既不特意向右转动，也不特意向左转动）。接下来，用两种不同的方式向下转动手掌。

（1）收缩的方式。通过收缩前臂内侧的肌肉，带动左手掌根向下转；然后再通过收缩前臂外侧的肌肉，将小指向上拉。这是传统的、通过肌肉收缩的力量来完成动作的方式。

（2）扩张的方式。通过伸展前臂外侧的肌肉来推动左手掌根向下转；然后再通过伸展前臂内侧的肌肉来推动左小指向上转。注意，以这种方式转动，手不能完全旋转。而在采取收缩的方式时，手腕就很容易完成旋转。比较在使用这两种方式转动手腕时，手中气的大小。

● 实践2-5　伸展你的腘绳肌

双脚平行站立。身体前倾，让你的上半身挂在髋关节上，膝关节微微弯曲。尽可能地放松你的头、手臂和背部。接下来尝试用两种不同的方式来提高骨盆。

（1）收缩的方式。向后推膝关节，使你的腿伸直。在这种情况下，腿后部的肌肉会因为前部的肌肉收缩而被迫拉长。这是传统的拉伸方式。

（2）扩张的方式。通过伸展大腿后侧肌肉来抬高髋关节以伸展腿部。这些肌肉是通过自身的扩张来拉长的，而不是通过大腿前部肌肉的收缩而被动伸展。注意，以这种方式完成动作时，腿不会完全伸直。而在第一种情况下，腿很容易伸直。

● 实践 2-6　再次伸展你的腘绳肌

仰卧在地板上。你也可以在头下放一个枕头，以使颈椎保持正确的力学对线。在达到最放松的状态后，慢慢抬起一条腿的膝关节，让那条腿在骨盆上方保持平衡，尽可能地放松，感受你的腿施加给骨盆的重量。接下来，慢慢地向上伸展脚跟。当你开始感到阻力时就是实践的开始。现在的目标是使脚跟缓缓向上移动，不需要绷紧腿前部的肌肉，而是依靠大腿后侧肌肉的扩张。也就是说，那些伸长的肌肉是依靠自己伸展的，而不是因另一侧肌肉的收缩被动伸长的。如果你开始感到膝关节绷紧，说明你在使用肌肉收缩的力而不是扩张力。

● 实践 2-7　伸展你的髋内收肌群

髋内收肌群是大腿内侧的肌肉。它们收缩会使膝关节向内合拢，伸展会使膝关节向外张开。

仰卧在地板上，两腿伸直，两脚跟相触。如果需要，在头下放一个枕头，以使颈椎保持正确的力学对线。尽可能地放松，将一条腿的膝关节（比如左腿膝关节）向身侧水平伸展，稍稍地远离身体的轴线。当你做这个动作的时候，脚跟保持与地板接触。即使一开始会有些困难，但是最终你能够以这种方式使膝关节向侧方移动 2.5 cm 或更多。

关于上述实践动作的传统观点是，大腿外侧肌肉的收缩（缩短）

是导致另一侧的髋内收肌伸长的唯一方式。而在上述实践中，尽管腿部内侧的肌肉伸长了，但是外侧的肌肉却保持着放松状态。如果你用手去感觉左大腿内侧的肌肉就会发现，当你向外伸展膝关节时，它就被激活了。你可以感觉到（或者让其他人感觉）左大腿外侧和底部的肌肉是完全放松的。这些现象不能用传统的肌肉运动的观点来解释。

此外，在进行这个实践时，你也应该能够感觉到你的左髋关节实际上是稍微张开的。说这些实践都是通过肌肉收缩来实现的未免太牵强，因为收缩会压缩关节，而不是使关节张开。

⚫ 实践 2-8　扩张你的括约肌

当你排尿或排便时，注意你的尿道括约肌或肛门外括约肌的动作。括约肌通常是放松的，但也是闭合着的。当你排泄时，这些肌肉会扩张，你能直接感受到它的扩张。你可以试着收缩这些肌肉，注意感觉上的不同。

⚫ 实践 2-9　扩张你的气管

当你深呼吸或者打哈欠的时候，感受气管的扩张。

⚫ 实践 2-10　扩张你的食管

当你吞下补充剂或其他药丸时，请注意你的食管是如何扩张的。

⚫ 实践 2-11　扩张你的鼻孔和鼻腔通道

当你吸气的时候，你能感觉到自己的鼻孔在张开，鼻腔通道也在扩张。我发现这种技能可以帮我在睡觉前充分打开鼻腔通道，这样能够防止我用嘴巴呼吸。

🌀 实践 2-12　向上伸展你的头部

当你以最舒服的放松姿势站立时，通过轻轻扩大颈椎之间的空间来向上伸展你的头部。这个动作令人难以察觉。你可以思考如何才能通过收缩肌肉来向上伸展头部。

🌀 实践 2-13　向侧面倾斜头部

当你以最放松的姿势站立时，可用以下两种方式使头部向侧面倾斜。

（1）用收缩的方式。通过收缩颈部一侧的肌肉把你的头部拉到一侧。这种方式会迫使另一侧的肌肉拉长。

（2）用扩张的方式。伸展一侧的肌肉，然后放松另一侧的肌肉。

如何确认你正在使用扩张力

很多人经常会有一个疑问："我认为我是在使用扩张力，但我怎么知道自己是否真的做到了呢？"在练习太极拳时，至关重要的是，要完全释放肌肉收缩的力量，以使你身体的每个部位都能够流畅地运动，并能够对很微小的动量做出反应。虽然放松是获得内劲（扩张力）的必要条件，但是还不够。测试你是否使用扩张力的其中一个方法就是练习推手。你的练习伙伴虽然可以用很小的力量轻松地推动你，但是他能感觉到，你的身体所有部分是融为一体的，你的手臂是扩张的，不僵硬，而且能够爆发出很大的力量（"棉里裹铁"）。另一个测试方法是，当你认为自己在使用扩张力时，评估一下你的肌肉的感觉，然后再试着通过收缩肌肉来完成这个动作。你应该能够感觉到这两种力量之间的差异，这种差异会随着练习增多变得更明显。换句话说，扩张力是一种电刺激贯穿整个身体的感觉，而收缩力则是存在于关节之间的感觉。

● 实践 2-14 做套路的起势动作

先站立，让自己达到最放松的状态。感受所有身体部位的重量，尤其是你的手臂。放松你的胸部、肩膀、下腹部，放松身体所有的部位。当你开始抬起手臂时，动作尽可能缓慢和放松。感觉一下你的手臂有多重，举起它们有多难。也许你的手腕无法抬到接近肩的高度，因为你没有使用收缩力。接下来，伸展你的手掌，不是向上拉手指，而是依靠伸展手掌来达到。然后在重力的作用下放下前臂，而不是向后拉手肘。当你的手臂继续降低时，再次伸展你的手掌，不要向上提拉手指。

当你的手达到最低位置时，注意双手由于类似液压的压力的增加而出现的肿胀感。这种效果是被动的。也就是说，这种肿胀感并不是由于你有意创造的压力造成的，而是来自你放下手臂的动作和重力的作用。

现在，弯曲你一只手臂的手肘，使前臂保持水平。注意压力和肿胀感的消退。在不移动手臂的情况下，试着恢复压力的感觉，不做任何外在的动作，只用你的意念恢复压力。如果你能做到这一点，那么你就成功地运用了扩张力。

重要提示：起势动作是套路中所有抬起和放下手臂动作的原型。

● 实践 2-15 在实践 2-14 的基础上将扩张力延伸到其他部位

将扩张力延伸到你的前臂、胸部和你身体的其他所有部位，然后加强扩张力的水平。同时，慢慢地尝试手臂的不同姿势。当你找到一个能达到你想要的效果的姿势时，记住这种感觉，这样你以后就可以使之再现。

一种有前景的扩张机制

几十年来，杰拉尔德·波拉克博士一直在华盛顿州立大学做水的特性和细胞现象方面的研究，并发现了水在某些条件下可以进行重组的重要特征。你可以观看一些他拍摄的关于水的不寻常方面的视频资料。

在电的作用下，水可以形成一种具有一定强度和延展性的凝胶。由于其状态不是水的常见形式（如液体、固体和气体），所以波拉克将这种状态称为"水的第四相"。据此，他可以阐释很多关于水的、原本无法解释的现象。

我们的细胞间和细胞内的液体主要是水，并且我们的身体中充满了生物电。波拉克的研究表明，我们体内的生物电可以重组细胞和身体组织中的水，从而导致它们扩张。

过去几年来，我一直在思考波拉克的研究成果。细胞中的水可以扩张并可以改变结构的理论与我所感受到的扩张力非常吻合。也就是说，我觉得我的身体组织在发送电流，并且感觉到里面的水在扩张。事实上，在了解波拉克的研究之前，我体验到这种感觉已经有相当长的一段时间了，我把它们描述为"液压"。此外，太极拳的经典著作中也使用了水进行比喻。

如果细胞间和细胞内的水的扩张可以由生物电产生，那么这就很好地解释了为什么扩张力可以比肌肉收缩力更为持久，并且肌肉不会疲劳的问题。因为除了激活神经所需的化学能外，肌肉收缩还需要糖原储存的额外化学能，而且，肌肉收缩会产生刺激性废物，阻碍血液循环，而血液循环能将氧气和营养物质输送到肌肉和神经，将废物排出体外。肌肉收缩所需的化学物质很快就会消耗殆尽，刺激性废物就会堆积起来。这些因素限制了肌肉收缩能够持续的时间。

另外，如果扩张是以水的固有特性为基础的，那么它可能只需要生物电来激活。除了需要进行激活的能量之外，不需要其他的化学能，也不会产生刺激性废物。事实上，扩张还附带一个奇妙的好处，即它不会阻碍血液循环，实际上还会促进血液循环。所以，我们有充分的理由相信，扩张所运用的生物电具有治疗作用。

第三章 "陆地游泳"

郑大师的建议

郑曼青在其著作中讲述，练太极拳如在陆地游泳，把空气当作水具有重要意义，并给我们提出了建议，即当我们在练习太极拳时，要想象空气具有与水一样的阻力和黏稠度。

人类生活在陆地上。长期以来，人们如此熟悉空气，以至于常常忘记了它的存在。由于空气不是固体，没有形状，所以初学者无法注意和感受到它的存在。把空气比作水有助于我们想象。也就是说，如果一个人离开水后还能假装在游泳，他的动作自然就符合了太极拳的原则。通过这种练习，初学者就会感觉到空气很重，就像他能够感觉到水很重一样。在这个阶段，他的身体动作会变得比一般人更轻、更圆柔。这种具有浮性和圆柔的感觉，来自双脚的稳固扎根和让身体处在"陆地游泳"的状态中。从功用的角度来讲，这种在想象中对抗攻击的缓慢动作，会在格斗中展现出非常快的反应速度。

郑大师认为"陆地游泳"非常重要，因此他在《郑子太极拳十三篇》中用了整整一章的篇幅来讨论这个问题。在那一章中，郑大师说："极其至也，则知空气重于水，且重于铁也。"

我最初的怀疑

在很长一段时间里，我都很难接受郑大师的箴言："要完全放松，要屈服于重力（松）。"我的理由是，使用任何肌肉力量来对抗一个假想的阻力时，都需要相对的肌肉来产生一个反作用力，就是让一组肌群去对抗另一组肌群。这样会锁住身体，妨碍身体自由地运动。这种状态似乎也与太极拳的无为原则背道而驰。

此外，我的一些同学在试着练习对抗阻力时，似乎过多地使用了蛮力。我认为那样做是错误的，并认为他们放弃了对"陆地游泳"的练习。

我最终的认识

后来，郑大师使用了"想象力"和"想象"这两个词，我才明白他关于任何时候都不能使用任何实际的力量的意思。众所周知，人们只要想到做一个动作，身体就会产生微小的生物电脉冲，以便启动这个动作，但是这种脉冲还没有达到可以产生任何外在力量的阈值。所以，想象阻力并不会导致肌群之间的相互对抗。我接受了郑大师的建议，想象空气具有像水一样的阻力，这与他的关于放松的建议完全不矛盾。

最近我发现，当我完全放松（从而抑制收缩力的使用）并想象用力时，我会更容易产生与扩张力相关而不是与收缩力相关的生物电。

所以想象空气具有像水一样的阻力，可以看作一种训练生物电系统激发扩张力的活动。这样做的结果是，你获得了你是在运用一种表面上并未表现出来的力量的感觉，也能提供一个有效的反馈系统，帮助你学习如何获得扩张力，然后增加其强度。这也解释了郑大师关于空气重于铁的说法。

很明显，郑大师提倡的"陆地游泳"的练习是一种用来识别并培养内劲的工具。这种内在的力量对于太极拳的保健功能和自卫功能都至关重要。要培养出内劲，就需要感受并放弃肌肉收缩的动作。

随着这种新的生物电活动变得越来越强烈、范围越来越广泛、越来越受意识指挥，动作就会越来越多地依靠这种力量来完成。我现在已经有了一种在用力但没有任何肌肉收缩的感觉。我觉得我所感受到的力是由生物电产生的，并感受到身体组织里的水的扩张力。

要想在太极拳的动作中看到真正令人印象深刻的扩张力，可以观看王树金的视频。

⚫ 实践 3-1

我的老师哈维·索伯不止一次让我们做这样的实验：双脚平行站立，与肩同宽，站成 50-50 的姿势（起势，图 3-1 和图 3-2）。全身放松，先慢慢地向外、向前旋转你的肘部，再转动手掌使掌心朝向后方。这三种调整是独立的微调，以便最大限度地提高对气的感觉（手掌和前臂的膨胀感和麻刺感）。然后想象水从后面涌来，把你的手向前推。想象你在不使肌肉紧张的情况下向后推水。你应该能感觉到气在增加。一段时间后，

图 3-1　作者正在做太极拳中的起势动作，想象着水从背后推他的手和胳膊

即使你没有拉紧任何肌肉，也会感觉到阻力非常大。如果一切进展顺利，你现在应该是处于扩张状态。捕捉这种扩张的感觉，并将其锁定，这样以后你就可以再次达到这个状态。

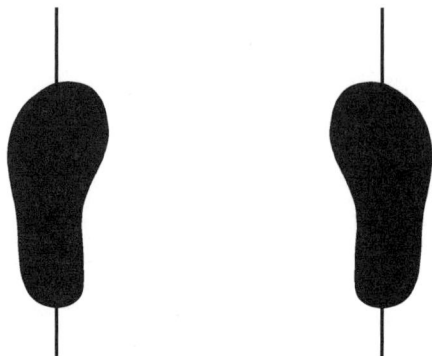

图 3-2　双脚呈 50-50 姿势分开站立，与肩同宽（也就是说，两个踝关节之间的距离与左右肩关节之间的距离相等）；双脚的中心线平行

接下来，试着增强这种扩张，并将其扩展到你身体的每个地方。当你处于这种扩张状态时，如果有人试图移动你的手臂，那么他不会感受到你由于肌肉收缩而产生的阻力，而是会感受到这只手臂与你的全身每个部位关联成为一个整体而发出的力。

● 实践 3-2

如果你成功地达到了实践 3-1 中所描述的状态，那么现在看看你的手，注意它们的颜色以及膨胀度，并与正常的状态进行比较。

精神方面

练习"陆地游泳"能够提高格斗时的反应速度。这一说法与产生这种状态所需的生物电准备就绪的增强活动是一致的。正如曾帆祥所说："马达已经在运转了。"换句话说，你很警觉，准备好随时出发了，不需要再插入钥匙和启动引擎了。

形如搏兔之鹘，神似捕鼠之猫。

——武禹襄

"僵尸式太极"

许多太极拳练习者都能够成功地以最小的力量做动作，但是因为他们被告知不要用力，所以他们一直没有获得扩张力（内劲）。与之相反的是，他们一直在使用肌肉收缩的力，尽管是在最小限度地使用。这种情况有时被称为"浮动"，毫无生气，没有关联。因此，这是一种"僵尸式太极"。而能够使用扩张力的练习者，可以立即识别他人做动作使用的是内劲还是力。

在郑大师的学校，我注意到一个学生在以一种超级放松的状态做着太极拳的动作。这时，郑大师碰巧走了过来，并对他说："太阴了。"

"陆地游泳"只是识别内劲的工具

很重要的一点是，当我们领悟并体会到了正确的内在状态时，就应该立即去尝试重现这种状态。在这方面，想象（空气具有像水一样的）阻力就不再是必要的了，应该把它放在一边（见第十五章的相关内容）。

我们最终的目标是能够将生物电活动随意地贯穿到全身，在每个方向上都可以展示其潜在的扩张力，仅最小限度地使用肌肉收缩的力。

思考一下，例如，做搂膝拗步，这是各种流派太极拳套路都有的动作。一般人认为如"陆地游泳"般练习这个动作就是想象着下面的手拨开对手击打己方膝关节的手（或脚），上面的手在击打对手。我的看法与此不同，我认为想象阻力只是一种识别发送生物电、激发扩张的技能的工具。当一个人学会了这项技能，他的意念就可以增加生物电发放的广度。最终，整个身体感觉就像钢铁一样，但仍然保持着放松、圆柔和反应灵敏。这是一种在各个方向上都拥有巨大力量的感觉，而不仅仅是在这个单个的动作之中。由此产生的气就会以很高的强度渗透到身体的各个部位。

第四章 太极拳名家关于意念、气、力的阐述

本章将阐述多位太极拳大师关于意念、气、内劲和外力的相关论述。

力、劲和内劲

在汉语中，有时"力"和"劲"可互换使用（图 4-1）。

图 4-1 左为"力"字，右为"劲"的繁体字（勁）。在日常用语中，表示力量时，"力"和"劲"经常互换使用，但在太极拳中，"力"指的是未经训练的力量，而"劲"指的是经过训练的、精妙的力量

汉英词典将这些词翻译成了几乎相同的意思。然而，在武术中，"力"指的是未经训练的力量，"劲"指的是经过训练的、精妙的力量。从技术上讲，内劲更适合描述太极拳和其他内家拳的扩张力。然而，很多人在说或写关于太极拳的内容时，往往会省略形容词"内"，而只用一个"劲"字来表示"内劲"。

在我们接下来要提到的一些太极拳经典著作的英文译本中，"力"和"劲"的区别有时并不是很清晰，而且"劲"和"内劲"还经常互换使用。在接下来的章节中，读者需要牢记上述区别和"理解陷阱"。

气、呼吸、内劲与外劲

尽管气功作为一种理论和实践已经繁荣了几千年，但是"气"一直没有得到充分的解释，甚至至今仍没有被西方科学所接受。但对于那些经常练习气功或内功并充分体验了气的人来说，几乎完全不需要用科学来证实其真实性。

尽管如此，目前中国和美国的研究者都正在对气和中医药等方面进行科学研究。

太极拳的经典著作反复提到理解气、呼吸和力之间关系的重要性。很多人感到难以理解太极拳的经典著作，一部分原因是它们原本是文言文，而后被翻译成白话文，然后又被翻译成英语。

例如，"劲"和"力"是两个常用的汉字，它们各自代表着不同的力量，在英语中都没有唯一的对应词。所以一些英文译本使用了"strength（力量）"一词，不加区分地表示两者。

此外，"气"这个词可以用来表示呼吸或某种力量。我们现在知道了液压，也知道了很多关于身体运动是如何由神经脉冲的电效应引起的知识。也许一些被古人称为气的东西，现在可以用这样的现代科学术语来解释了，一些英语翻译也不会不加区分地用 strength 一词来表示两者。

还有很多其他的原因导致人们对气感到困惑，如在过去，太极拳都是秘传的，师父所写的说明是为了让亲传的徒弟理解的，而不是为了让外人理解的。

同时，现代的基本科学知识在当时并不是中国人思想框架中的一部分，也是旧时的太极拳大师们不知道的。这些知识包括：①科学和准确地解释身体状态、力量和运动的方式；②意识和潜意识之间的区别；③科学地确定原因和结果的方式。

即使是现在，在已知的一些例子中，在一些声称是科学的研究中，因果关系也会被错误地定义。

为了理解古典拳论，以使当今的太极拳练习者们能够最大化地获得健康和自我发展的益处，我们需要使用创造性的方法、开放的思维和现代的工具，如科学的概念（液压、波动、动量、重力、人体的电流效应等）。

以下是武禹襄《十三势行功心解》中的一段论述。

以心行气，务令沉着，乃能收敛入骨。以气运身，务令顺遂，乃能便利从心。……心为令，气为旗，腰为纛。……气若车轮，腰如车轴。

这里的观点是，意念是调动气的媒介，气随后又在意念的作用下调动身体。

没有车轴的轮子是没有用的。但是气怎么会像轮子呢？

显然，车轮（图 4-2）提供并调动向外（扩张）的力量，使得车轮在外部压力下不会瘪。问题是，气与这种向外的力量有什么联系呢？

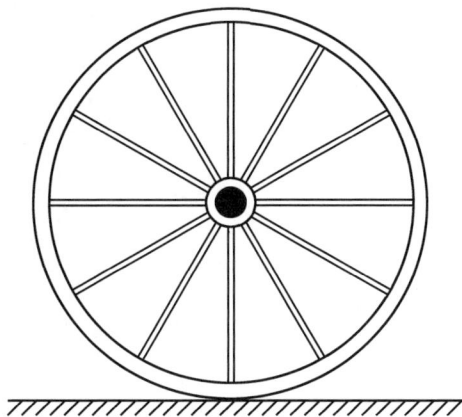

图 4-2 车轮。当车轮滚动时，最低处的辐条向轮轴施加向上的支撑，同时在轮辋内施加向外的张力，其他的辐条可以保持车轮的形状不变。在充气车轮中，膨胀后的气压提供了支撑

下面将引用杨澄甫对这个问题的解释。

太极力气解

气走于膜、络、筋、脉；力出于血、肉、皮、骨。故有力者，皆外壮于皮骨，形也；有气者，是内壮于筋脉，象也。气血功于内壮，血气功于外壮。

要之明于"气血"二字之功能，自知力气之由来矣。知气力之所以然，自能用力、行气之分别。行气于筋脉，用力于皮骨，大不相伴也。

当杨澄甫谈到力和气之间的区别时，他所说的力显然指的是未经训练的力，而不是劲。这意味着气就是人们所期望的一种力量（劲）。

在练内功（字面意思为内在的技能，包括有意打开身体以疏通气的路径）的时候，例如站浑元桩（图4-3），你可以感受到气和劲之间的联系。当你站浑元桩时，手臂和身体的其他所有部位都会有意识地向外扩张，这就引发了一种放松的、扩张的力量。仅仅几分钟后，你就会感觉全身充满了气，并感觉有一种扩张力。所以当我们的意念引导生物电去激活

图4-3 作者在站浑元桩

身体组织以产生扩张力时，就是气最强的时候。因此，扩张力和气是相互联系的这一点就说得通了。

古代的太极拳大师们认为气是一种力量，源于气与扩张力之间强烈的相互作用，这个观点不无道理。

郑大师对两种不同力量之间的区别的分析

以下内容摘自郑曼青的著作，请注意，原著是用中文写的。

吾始将全身之力付之于地，久之觉吾之气力已能入地数分，或及寸及尺，与地心吸力似发生有磁铁之作用；是之谓落地生根。良有以也，足如能生根，则全身之力已归于脚明矣。全身之力归于脚，则全身已无力。而后劲由脚生，是谓有根；力则无根。劲柔犹藤，力刚若木，劲活而力死。故秘传所谓劲由于筋，劲力由于骨。[①]

接下来，上面的段落将被改写在下面，用收缩力来代替"力"，用扩张力来代替"劲"。请阅读以下改写的段落，并与第二章和第三章的相关内容进行比较。

在全身已无肌肉收缩产生的力量后，扩张力由脚而生，是谓有根；肌肉收缩产生的力则无根。扩张力柔犹藤，收缩力刚如木棒，扩张力活而收缩力死。故秘传所谓扩张力由于筋，收缩力由于骨。

---

① 摘自郑曼青先生的《简易太极拳浅说》。中文原文后有"故以力击人者，必百骸一贯，万筋紧张，犹举棒击人也。若以劲击人者不同；百骸松灵，万筋舒展，犹以藤击人者。劲由于筋，与运气有直接之助，愈于力远矣。惟初学者对劲与力之辨别殊不易，故必从推手始"，摘录于此，以助读者理解。——译者注

进一步阐释郑大师的论述

当你放弃肌肉收缩力时，就会有一种全身液化的感觉。然后，当你做重心转换的动作时，你就会感觉体内的液体因此受到了压力并向各处扩张，大部分会进入你的手臂（想象一下，你挤牙膏的底部时，这管牙膏的出口部分是如何扩张的）。同时，这也有助于发送额外适合增强扩张效果的生物电。这就是逆式呼吸可以成为一个重要工具的原因。逆式呼吸的过程中包含了扩张，可以像交感神经那样在全身产生扩张的效果。一旦你认识到这种效果并加以练习，就可以独立地完成扩张，而不再依赖于任何必须将呼吸与动作相配合的特定方式。

虽然太极拳的任何动作都可以用于练习扩张力，但起势是最好的动作。当我放松并把重心移到右脚时，我会用我的意念给我手臂中的液体加压，使它们略微向体外方向扩张。当我向右移动时，我用这种扩张力来旋转我的手臂，使手心向后。起势动作象征着阴阳的分离。把重心移到右脚会使它成为阴（屈从的、支撑的、接地的），相应地，手臂和左腿成为阳（活跃的、扩张的、向上的、向外的）。

扩张力和收缩力都涉及生物电的作用，所以最初很难区分这两种类型的力量。因此，当你不确定自己是在使用扩张力还是收缩力时，你可以通过收缩手臂的肌肉来检查两者的感觉是否不同，这种差别应该是相当明显的。

每个人都能产生扩张力，主要的问题是能认识到并做到。试着使劲地打哈欠，感受一下这个动作对你整个身体产生的影响。试着将你的上腹部向前面、侧面和后面扩张。一旦你找到扩张的感觉，就让这种感觉重现，并不断地强化练习。随着时间的推移，你产生扩张力的能力就会慢慢提高。第三章提到的郑大师关于想象空气具有与水一样的阻力的建议，也是一种识别扩张力的方法。

对杨澄甫关于力的评述的分析

以下内容摘自杨澄甫的口述信息。杨澄甫将"太极拳术十要"的内容口授给他的学生陈微明，陈微明将其记录下来，并收录在所出版的《太极拳术》一书中。

用意不用力

太极拳论云：此全是用意不用力。练太极拳全身松开，不使有分毫之拙劲，以留滞于筋骨血脉之间以自缚束，然后能轻灵变化，圆转自如。或疑不用力何以能长力？

盖人身之有经络，如地之有沟洫，沟洫不塞而水行，经络不闭则气通。如浑身僵劲满经络，气血停滞，转动不灵，牵一发而全身动矣。若不用力而用意，意之所至，气即至焉。如是气血流注，日日贯输，周流全身，无时停滞。久久练习，则得真正内劲，即太极拳论所云"极柔软，然后极坚刚"也。太极拳功夫纯熟之人，臂膊如绵裹铁，分量极沉；练外家拳者，用力则显有力，不用力时，则甚轻浮，可见其力乃外劲浮面之劲也。外家之力，最易引动，不足尚也。

对"用意（意念）不用力（肌肉收缩力）"的解释如下。

因为典籍中提到手臂会变得像铁一样沉，所以我们不能把"意"解释成向别人传递一种关于力量的幻觉。如果说有什么不同的话，那就是，这种力量是真实存在的，而且被杨澄甫描述为"隐蔽的"。然而，这里的力量不同于普通的力，它通常被称为内劲，是一种精妙的内在力量。

因此，意念能够使身体里发生一些不寻常的事情，所以它必须被识别和训练。也就是说，我们日常所使用的力量，不需要进行专门的训练，也不需要有不寻常的意念活动，只要我们想用，就能使用它。

而内劲的培养需要专门训练，并需要动用意念（意）。

由意念引发力量的方式是，生物电从大脑和脊髓发出，沿神经传递到肌肉组织中。对内劲而言，所涉及的显然不是电脉冲导致的肌肉收缩，而是其他的原因。杨澄甫要求我们完全放松，以减少肌肉收缩力的使用。这种放松对于学习通过意引发扩张来产生力量是很必要的，它可以有意识地发送生物电，让人产生一种不同于肌肉收缩力的力量。

我的解释是，这里所提到的力是指扩张力。使用收缩力将使得我们对两种力量之间差异的识别变得模糊。培养扩张力需要长时间的、持续的练习，因为它对我们来说是陌生的；而收缩的力量是我们所熟悉和习惯的。

气的流动通过身体组织的生物电刺激来增强，气通过释放阻塞它流动的收缩力来获得自由释放。由于古代的太极拳大师们没有学过生理学，可能不理解生物电的作用，所以他们会将扩张的状态与气的增加联系起来，并认为气是产生力量的原因。然而，情况很可能是相反的。也就是说，气是一个结果，而不是一个原因。那些未受过科学训练的人将因果关系弄颠倒并不罕见，甚至一些受过科学训练的人也会如此。

接下来，我将上一页引用的杨澄甫的话进行改写，用"收缩力"代替"力"，用"扩张力"代替"意"。普通的力量是自动发展起来的，但扩张力需要有意识地培养。读者可以将改写内容与我在前文中对扩张力的阐述进行比较。

用扩张力不用收缩力

太极拳论中提到"用扩张力而不用收缩力"。练太极拳全身松开，不使有分毫之拙劲，以留滞于筋骨血脉之间以自缚束，然后能轻灵变化，圆转自如。或疑不用收缩力何以能长力？

盖人身之有经络，如地之有沟洫，沟洫不塞而水行，经络不闭则气通。如浑身僵劲满经络，气血停滞，转动不灵，牵一发而全身动矣。

若不用收缩力而用扩张力，扩张力之所至，气即至焉。如是气血流注，日日贯输，周流全身，无时停滞。久久练习，则得真正内劲，即太极拳论所云"极柔软，然后极坚刚"也。太极拳功夫纯熟之人，臂膊如绵裹铁，分量极沉；练外家拳者，用收缩力则显有力，不用收缩力时，则甚轻浮，可见其收缩力乃外劲浮面之劲也。外家之收缩力，最易引动，不足尚也。

有趣的是，对这种所达到的状态的描述，在某种程度上与血液或水流的表现有关。这个想法与我们的假设一致，即扩张力与身体组织中水的状态变化有关。

呼吸与丹田

丹田是一个位于肚脐以下约三寸[①]，从肚皮到后背之间距离的大约前三分之一处的区域。它是西方科学的解剖学至今仍未承认的一个部位。但中国人认为，无论是从解剖学上讲，还是从气的积聚区域来讲，它都是身体的中心。它还是一个重要的穴位。日本人也认识到丹田的重要性，并称其为"hara"。在日本，有些人会在小腹穿戴一种叫作"腹卷（Hara maki）"的腰围子来培养他们的气，或者用他们的话来说，叫作"ki"。

许多练习者都会哀叹自己无法感觉到丹田，这可能是因为他们在练习套路时用的是浅的、自然的呼吸，这样的呼吸并不能充分激活丹田。

当你放弃使用收缩力时，身体会液化，产生水力坡度。也就是说，身体部位越低，受到的压力就越大。下腹部是身体躯干压力最大的部位，所以更容易被激活。

[①] 本书中，"寸"指同身寸。——译者注

在自然呼吸的吸气过程中，下腹部会扩张并加压。在逆式呼吸中，这种压力会持续存在，有增有减，但不会完全消失。你可以通过丹田的膨胀来感觉呼吸的效果。

健康方面

放松的好处：①放松肌肉可以促进血液、淋巴液和气的自由流动；②给放松的细胞施加生物电，再加上细胞的收缩和扩张，可帮助它们排出代谢废物和其他杂质，并吸收氧气和营养物质；③神经系统被激活且得到更好的训练。

详推用意终何在，延年益寿不老春。

——王宗岳

实战方面

使用肌肉收缩力对他人施加一个朝外的力量，意味着肌肉在拉动骨骼（肌肉处于紧张状态）。相比之下，使用扩张力意味着对他人产生一个朝外的液压（扩张）。下面的两个例子说明了在练习推手或用太极拳防身自卫时使用张力是如何产生巨大优势的。

例1：

因为所有人能在任何情况下使用收缩力，所以人们对它都很熟悉。而且，收缩力很容易被另一个人"读"出来，从而知道你的意图。相比之下，扩张力是非常规的、隐蔽的、难以解释的，因此它具有欺骗性。

当你对对手施加收缩力时，如要偏转他的手臂，他会立即看出你很紧张，从而识别出你的意图，变得警觉，并采取行动来增加他的力量，以防止你偏转他的手臂，这就引发武力升级，一场比拼就开始了。如果你不如你的对手强壮，或者你已年老、受伤或生病了，你肯定就会输。

相反，如果你使用扩张力，对手虽然会感觉到他接触了你的身体，但他的身体会随之转向。他没有得到任何警示，反而意识到是他的行为导致了你的身体转动。他会认为他没有任何理由去增加力量，他也不会这样去做。结果，他的身体伸展过度，失去平衡，最后很容易被你控制。对于这样的动作，你不需要太多的力，只需要很小的力即可。

浑身是手手非手。

——郑曼青

郑大师在这里说的是，身体的各个部位必须是统一的，没有任何一个部位是独立运动或独自发力的。

例 2：

无论你对另一个人施加的是收缩力还是扩张力，你对他施加力的后果，都会有一个大小相等、方向相反的反作用力施加在你的身体上。有一种力会与你脚向前的力相抵消，那就是地板的摩擦力。此外，你必须用脚蹬地，把你的骨盆向前推。

现在思考一下，当你用收缩力来对另一个人施加压力时会发生什么？如果他调整了身体以减轻你施加在他身上的力量，那么你为了保持身体平衡，就必须立即改变双腿使用收缩力的状态，因为你的脚正在向后蹬地，并使骨盆向前推。除非你能够立即根据他的变化来减小双腿肌肉收缩所带来的收缩力（很难快速完成），否则你的双腿会继续推动你的身体向前，并导致你暂时失去平衡。因此，当你每次使用收缩力来对某人施加一个力时，你的平衡将依赖于他接下来采取的行动，以及你在识别、处理、调整复杂收缩力上所花的时间。一个有经验的太极拳练习者甚至可以充分利用你瞬间的失衡对你进行攻击，尤其是当这种失衡是由他所引发时。

相比之下，当你对另一个人施加扩张力时，你体内的力量来自你体内水的液压。帕斯卡定律指出，液体中任何一点的压强变化都会引起液体中其他任何一点的压强变化。因此，如果被你施加扩张力的那个人正以某种方式移动，以期减轻你施加在他身上的力，就会自动导致你全身（一直到腿和脚）的液压立即降低。因此，你的手臂可能仍会短暂地向前移动，但你的身体不会。你不会失去平衡，也不需要移动或调整腿部。

一（全）身之劲，练成一家……又要提起全副精神（请注意），于彼劲将发未发之际，我劲已接入彼劲，恰好不先不后，如皮（易燃物）燃火，如泉涌出。

——李亦畬

请注意，上述这段引文中括号内的词为本书作者所加。另外，请仔细体会关于泉水的类比。

意念、呼吸、气和力量

呼吸

许多太极拳著作和太极拳教练都强调呼吸，不仅因为它的供氧作用，而且还因为它是一种增加气和内在力量的方式。一个人每年要呼吸数百万次。呼吸的扩张性（特别是逆式呼吸）有助于识别实现了扩张力而不是收缩力的机制，并且可以让扩张性动作扩散到整个身体。

太极拳著作和太极拳教练会强调，呼吸、气和内劲有着重要的联系。据我所知，郑大师并没有谈论过呼吸，他只是说过："在做起势动作时，在手臂抬起时吸气，剩下的动作自然呼吸就好。"

我现在才明白，郑大师没有多谈呼吸的原因有以下几点。

（1）他不懂英语，所以他不知道如何用英语来翻译自己用中文所做的指导和对问题的解答。

（2）他知道呼吸的内容很复杂，错误的理解会导致很多问题。所以，他选择回避这个话题是有道理的。然而，了解呼吸机制，以及它与"气"、力量之间的联系是非常有价值的。

（3）我从郑大师的言谈和他与师兄们的谈话中发现，他似乎不赞成有意识地将呼吸与动作相匹配。

在自然呼吸中，下腹部虽然会扩张，但它是放松的。在逆式呼吸中，下腹部处于一种微妙的扩张状态，虽然扩张的力度有增有减，但不会完全消失。因为自然呼吸和逆式呼吸过程中所出现的扩张是基本的反应，呼吸，尤其是逆式呼吸会进一步促进身体其他部位的扩张。因此，呼吸是扩张力的先驱。

扩张力

扩张力的本质首先是释放全身的收缩力，从而增强血液、淋巴液和气的流动；其次，使能够产生扩张力的生物电增强，这可以高度激发气。当然，为了使生物电被引导到扩张而不是收缩中，意念也必须参与进来。所以意念、呼吸、气和力量之间的联系是很必要的。当然，古人无法用生理学和神经学的知识来解释这种联系，只能说"以意引气，以气运身"，或者是"用意不用力"。

以下是杨班侯的评述。

劲由于筋，力由于骨，如以持物论之，有力能执数百斤，是骨节皮毛之外操也，故有硬力。如以全体之有劲，似不能持几斤，是精气之内壮也。虽然若是，功成后，犹有妙出于硬力者。修身体育之道有然也。[①]

总结

几乎每个太极拳教练都会告诉学生要学会放松（松）。学会放松的主要原因是要学会识别并放弃使用收缩力（力）。当学生学会放松后，他们就能够学会激发并使用扩张力（内劲）。这种教学方式与道家的观点一致，即"空杯子装得最多"。遗憾的是，对于内劲，老师们很难做出解释，因此学生们也很难识别和学会。所以，许多太极拳练习者错误地认为，在太极拳动作中训练和使用任何力量都是错误的。当然，一个无法运用扩张力的练习者必然会使用收缩力，但却要坚持把收缩力保持在绝对的最小值，这样就会导致太极拳的动作软弱无力、无内涵、飘飘忽忽、毫无生机。而随着对扩张力的认识和培养，练习者的气加强了，太极拳的动作就会变得更连续、循环不绝、毫不紧张，并充满了潜在的力量。

[①] 摘自《太极法说》中的"太极体用解"篇。——译者注

第五章　太极拳中使用扩张力相对于收缩力的优势

对比使用两种力时变招的敏捷度

使用收缩力时

当我们需要使用肌肉收缩产生的力量时，来自大脑和脊髓的神经脉冲会引起肌肉收缩，收缩的肌肉通过与它关联的肌腱拉动骨骼，从而产生外力，完成动作。当外部条件要求变招，立即改变收缩所产生的结果时，这种变招需要一连串的步骤才能完成：①人体感受器接受刺激（产生感官数据），产生神经冲动，经传入神经元传递到中枢神经系统中的大脑进行分析；②大脑中负责分析的部分根据所感知的内容来理解如何对外发力，以及如何变招，对需求做出判断；③基于感知到的需求，大脑制定一个连贯的动作过程；④传出的（运动）神经冲动被传送到肌肉，肌肉收缩后产生所需要的力从而变招。外部条件可能会瞬息万变，但这种一连串的神经活动所花的时间可能会很长，尤其是在防身自卫的情况下。

使用扩张力时

当你进入到一种深度放松的状态时，就可以使身体达到一种液化状态。此时，由于收缩力与这种状态不相容，从而会被最小化。因此，如果你要维持这种液化状态，就需要力。现在是利用生物电来实现扩张，从而给肌肉细胞和身体其他组织中的水加压并改变其状态，而不是正常情况下产生神经冲动使肌肉收缩。这种液压会延伸到身体每一个已放松的区域。前文提到过一个物理学原理，叫作帕斯卡定律。

加在密闭液体上的压强，能够大小不变地由液体向各个方向传递。

在向外发力的过程中，如果外界条件需要增加或减少这个外放的力，则不需要任何神经活动或分析处理。根据帕斯卡定律，一旦需要突然增加或减少外放的力，人体内部的液压几乎瞬间就会自动进行调整，完成发力的变化。

稳定性

收缩力和扩张力之间的一个重要区别在于，它是否能够应对对手对你所施加的力。牛顿第三运动定律是物理学中的基本原理，它阐述了一个物体对另一个物体施加力的情况。

如果物体 A 对物体 B 施加一个力，那么物体 B 会对物体 A 施加一个大小相等、方向相反的力。

这个定律适用于所有的物体——有生命的物体和无生命的物体，静止的物体和移动的物体。

牛顿第三运动定律的一个推论就是，当你对另一个人或物体施加一个力时，这个人或物体会对你施加同样的力。而牛顿第三运动定律的一个应用结果就是，当一个人对一扇门施加一个推力时，门也会对人施加一个大小相等、方向相反的力（反作用力）（图 5-1）。不管门会不会被推开，这个定律都是成立的。

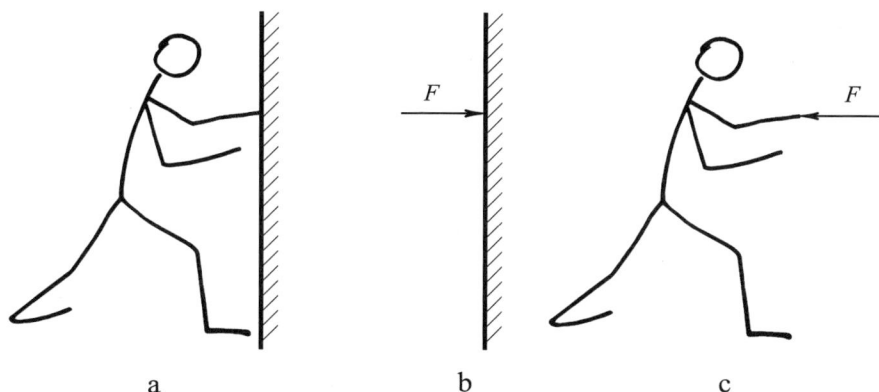

图 5-1　a. 一个人正在用一个 F 大小的力向右推门。b. 那个人对门施加的力。c. 门对人施加了一个向左的、与 F 大小等量的反作用力

因此，如果有人用手对你的身体施加了一个力，你的身体也会自动向他的手施加一个力，这个力与他施加的力大小一样，但方向完全相反。同样，当你用手推某人时，有两种力量正在起作用：一种是你的手对他的身体施加的力；另一种是他的身体施加在你手上的大小相等、方向相反的力。

平衡

在太极拳中，在令对手失去平衡（被称为"拔根""拔根劲"）的过程中也体现了牛顿第三运动定律。如果 A 对 B 施加一个力 F，根据牛顿第三运动定律，B 会自动对 A 施加一个与 F 大小相等且方向相反的力（反作用力）。为了保持平衡，A 必须做出应对，使他的脚在地板上产生的总摩擦力与 B 对他施加的力方向相反。如果这两个作用在 A 身上的力中的任何一个突然取消或改变，A 的平衡就会被破坏，直到他能够重新调整自己身上的力才能恢复平衡（图 5-2）。

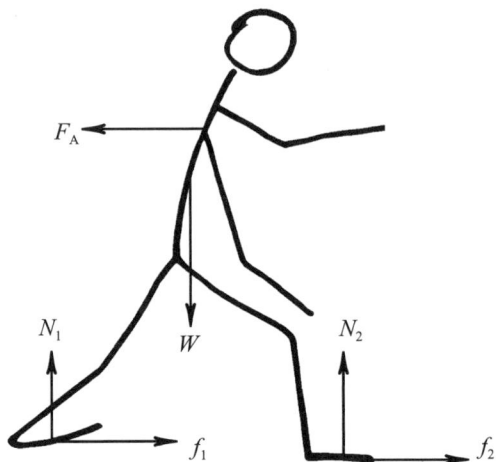

图 5-2　当 A 推 B 时，F_A 是 B 对 A 施加的力，它与 A 对 B 施加的力大小相等且方向相反（A 对 B 的反作用力）。W 是 A 的重力（地球对 A 的质量中心施加的引力）。N_1 是地板对 A 的后脚施加的向上的力，N_2 是地板对 A 的前脚施加的向上的力。注意，N_1 和 N_2 的总和与 W 大小相等、方向相反（A 在垂直方向上的受力是平衡的）。f_1 是地板对 A 的后脚施加的摩擦力，而 f_2 是地板对 A 的前脚施加的摩擦力。注意，f_1 和 f_2 的和是一个与 F_A 大小相等、方向相反的力（A 在水平方向上保持了平衡）

假设 A 对 B 施加了一个力，因为 B 可以控制作用在 A 身上的反作用力的强度，所以 B 可以调节并突然取消这个力，让 F_A 瞬间变为 0。A 为了恢复在水平方向上的平衡，他必须迅速减少地板施加在他脚上的、推动他向前的摩擦力，他就需要迅速减小脚向后蹬的力量。如果 A 正在使用的是收缩力，那么 A 必须感知到这个变化并做出调整。而 A 为了恢复平衡所花的时间已经足够被 B 所利用了。如果 A 对 B 施加的是扩张力，那么 A 身体每个部位的液压几乎会在瞬间消失，且不需要有意识地去调整。这种瞬间的恢复，阻止了 B 利用 A 原本可能存在的不平衡。

🌑 实践 5-1

本实践练习的目的是识别收缩力和扩张力之间的不同。两名学生以图 5-3 的姿态面对面站立。学生 A（左边）做挪的姿势，学生 B（右边）采用推的姿势。

双方都要尽可能地放松，只使用非常小的力。A 做挪的姿势，是主动发力的人；B 只提供最小的推力，防止自己的手向后移动。换句话说，B 施加的推力大小完全取决于 A 的力的大小。

如果 A 使用的是收缩力，一旦 B 突然收力，A 就会立即失去平衡，她的身体就会立即前倾。相反，如果 A 使用的是扩张力，即使 B 突然收力，A 也不会失去平衡或身体向前倾斜，只有她的手臂可能会向前移动。

此外，当 A 使用收缩力时，B 会感觉到 A 的力来自她的上半身。而当 A 使用扩张力时，B 会觉得 A 的力来自大地。

在做这个练习时，两人互相分享自己的感受很重要。

图 5-3　两名学生比较了使用扩张力和收缩力时的感受

警觉

在身体处于扩张的状态下，神经系统高度活跃。这时会出现一种警觉状态，它可以针对外部任何变化做出即时的反应。

形如搏兔之鹘，神似捕鼠之猫。

——武禹襄

扩张力对健康的益处

在肌肉处于收缩状态时，血液和气的流动会变慢，细胞的活动会受到限制。这些因素减少了细胞对氧气和营养物质的吸收，降低了对代谢废物的清除能力、细胞最优地分配其内部物质的能力，缩短了肌肉保持收缩状态而不疲劳的时间。相比之下，扩张不会导致这些不良影响。如果扩张是基于水的固有特性，就如第二章中所假设的那样，那么肌肉就不需要使用化学能来收缩，从而额外地延长了扩张状态能够持续的时间。

使用扩张力所产生的细胞刺激，除了简单地放松肌肉外，还对身体健康有很重要的益处。为了实现扩张而产生的生物电，实际上增加了血液和气的循环。这种循环的增加可以被感觉到，甚至可以被看到——肤色会发生显著的变化。

我曾发表过"气与细胞的生物电刺激密切相关"的观点。生物电刺激会促使细胞进行有益的微运动，帮助它们吸收氧气和营养物质、排除废物。如果气与细胞的生物电刺激密切相关的观点是正确的，那么在不进行肌肉收缩的情况下增加这种刺激就可以解释为气的增加。

杠杆和精细运动控制

三种杠杆

杠杆是一根或笔直、或弯曲的刚性杆，它可以围绕一个被称为支点的固定点转动。在杠杆一侧的一个点加上力时（输入），在另一侧的另一个点就会有另一个力被释放出来（输出）。杠杆可以省力，也可以省距离，这取决于杠杆的设计和使用杠杆的方法。

应该注意的是，杠杆可以是任何形状，它不一定是直的，只要它有回弹力并且在压力下不会变形即可。此外，还可以设置杠杆的组合，使其中一个杠杆的阻力紧接着成为后一个杠杆的动力。这样的杠杆组合被称为复式杠杆。

下面描述了三种杠杆。

图 5-4 所示的杠杆是最常见的一种。在这里，P 点与支点 Q 之间的距离除以从支点 Q 到被抬起的石头与杠杆的接触点 W 之间的距离，会得到一个比值。再用石头的质量除以这个比值，就会得到在 P 点处施加的力（向下施加）的大小。如果这个比值是 2，那么 P 点所需施加的力将只有石头的重量的一半，但 P 点的移动距离将是石头移动距离的 2 倍。

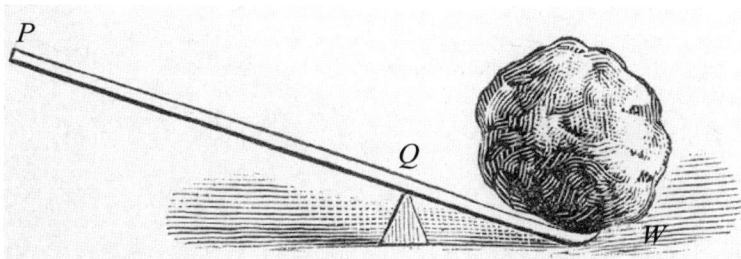

图5-4　一种常见的一级杠杆，它可以省力或缩短运动距离

图 5-5 所示的杠杆也很常见。在这里，支点在杠杆的一端，施加

的力作用在杠杆的另一端。

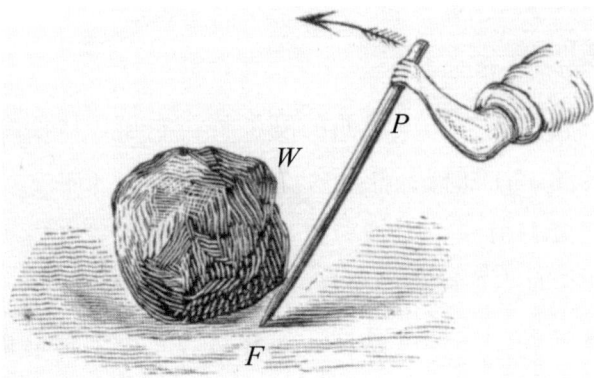

图 5-5 一种二级杠杆，可以使所施加的力数倍增加并使运动距离缩短

图 5-6 显示了一只手臂抬起一个重物，肱二头肌肌腱在 P 处施加一个力，支点 F 是肘关节。在这种情况下，力量和运动距离增加的情况与图 5-4 和图 5-5 中的情况相反。也就是说，重物的移动距离要远远大于施力处移动的距离，而所施加的力也远远大于被提起的重物的重力。这种力量和灵活性的妥协，显然是基于我们祖先的生存价值，以及肌肉收缩运动单元（肌节）拥有的最大力量和其运动范围而进化出来的。

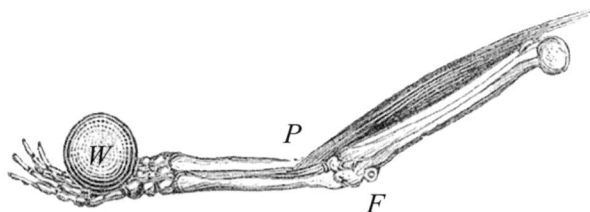

图 5-6 一种不太常见的三级杠杆，可以增加运动距离并减小施加的力。P 为肱二头肌肌腱与前臂桡骨的附着点，F 为肘关节的支点

精细运动控制

上述手臂力量与运动距离之间的生理功能关系的结果就是肱二头肌的运动距离短,重物的运动距离较长。当使用肌肉收缩所产生的力时,这种关系就会导致对精细运动的控制不足,而使用扩张力就不会发生这种情况。

形成整劲

练习太极拳的一个主要目标就是让身体的各个部位在运动时相互连接成一个整体并相互协调。当实现扩张状态时,这种整劲几乎是自动的;而没有处于扩张状态时,要实现整劲基本上是不可能的。

先求开展,后求紧凑,乃可臻于缜密矣。……切记一动无有不动,一静无有不静。

——武禹襄

以上武禹襄的陈述可以理解如下。

记住,当身体的一个部分运动时,其他部分都会通过扩张和收缩来为这个运动助力。

在通过扩张而使身体实现整劲的状态下,身体任何部位的变化都会自动影响到身体的其他部位。下面列出的一些概念就表达了这一想法。第一个来自物理学(同样是帕斯卡定律),其他的来自太极拳的典籍。

加在密闭液体上的压强，能够大小不变地由液体向各个方向传递。

——帕斯卡

切记一动无有不动。

——武禹襄

周身节节贯穿，无令丝毫间断耳。

——张三丰

浑身是手手非手。

——郑曼青

一身之劲，练成一家。

——李亦畬

因为身体在形成整劲的状态下能够达到高度的警觉，你将能够在瞬间向任何方向移动，并可以向各个方向发力。

培养生物电的通路

在练习太极拳时，你可以想象自己在移动时要抵抗阻力，这将会导致人体时刻在发送、接收和处理不断变化的生物电信息，从而使生物电通路对最新情况做出协调、快速、高效和适当的反应。训练生物电通路和扩张四肢及躯干，可以提高警觉感知，并显著缩短反应时间。

来自哈佛医学院（Harvard Medical School）的研究者最近在网上发表了一篇文章，其中的一项研究表明"太极拳可以改善认知功能"。这项研究如果将受试者分成使用内劲和不使用内劲的两个组来进行测试，也许可以得出更有力的结果。

看看下面这句引自太极拳典籍中的话：

一羽不能加，蝇虫不能落。

——王宗岳

人们通常把王宗岳的这句话理解为：当身体达到一种微妙的平衡和自由活动的状态时，即使一根羽毛落在身上，也立即能感觉到它的重量；一只苍蝇落在身上的一刹那，身体会立即随着苍蝇的飞舞而一起快速地运动起来①。也许王宗岳的这句话解释了郑大师所说的"陆地游泳"的好处："从功效上讲，对抗想象中的阻力的缓慢动作可以提高格斗时的反应速度。"也就是说，持续的练习可以建立起可靠的扩张运动的生物电通路，并且生物电通路时刻准备着被激活。即使是来自外部的最轻微的刺激，你都能够快速应对，及时地做出适当的身体反应。

自卫中的隐蔽力量

在自卫时，如果你使用常规的力量（收缩产生的力量），那么对手可以很容易地解读你的意图。此外，当对手感受到你的反作用力后，就会自动增加自己的力量。之后，双方都将不断加大自己的力量，直到更强壮的一方获胜。你只有比对手更强壮，赢的可能性才更大，但你因年老、受伤或疾病而变得较弱时怎么办？如果你使用扩张力，那么你对力的使用是隐蔽的，它不会导致双方不断交替加大力量。如果你的劲力（内劲）水平很高，对手一接触到你，他就会觉得你的四肢

①届时，身体与苍蝇若即若离，稍触即应，使苍蝇根本无法落在身上。——译者注

非常沉，感觉你的四肢与你身体的其他部位连成了整体。扩张力是隐蔽的，不容易被对手读懂，所以不会促使对手不断加力。当然，在防身自卫时，你仅有扩张力是不够的，还需要接受自卫格斗方面的训练。

　　人不知我，我独知人。英雄所向无敌，盖皆由此而及也。

——王宗岳

第六章 在健康领域使用扩张力的指南

扩张力矫正上背部的力学对线

脊柱后凸

脊柱后凸（驼背）是一个医学术语，指的是胸椎过度向后凸出。在过去的20年里，我一直在教老年人练太极拳（有些人已经90多岁了）。可以说，70岁以上的人很少能免于脊柱后凸。事实上，很多年轻人也都不同程度地患有这种疾病，甚至有的连自己都没有意识到。

脊柱后凸的病因包括营养不良、身体运动不当、缺乏锻炼、不良的睡姿和阳光照射不足。

那些脊柱后凸严重的人会通过抬起下巴来弥补头部向下倾的问题，从而使颈部弯曲的弧度加大（图6-1）。

如果这种方式的弥补仍然不足，就会换另外一种弥补方式，即盆骨前倾（图6-2）。

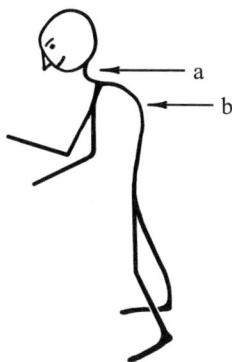

图6-1 对脊柱后凸症状的描述。a.颈椎被迫过度弯曲以纠正头部向下倾的问题。b.胸椎过度向后凸出。这种程度的身体前倾就需要使用助行器来支撑身体

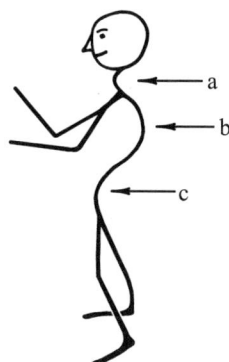

图6-2 对脊柱后凸的弥补方式的描述。a.颈椎被迫过度弯曲以减少头部的过度下倾。b.胸椎过度向后凸出。c.骨盆前倾，使身体能够尽量地保持平衡和直立，但腰背部则会因此而过度弯曲

我与脊柱后凸的斗争

我在十几岁的时候就开始出现严重的脊柱后凸畸形。这可能是因为我每天练习钢琴时，上半身数小时保持前倾造成的。在我20多岁的时候，脊柱后凸已经令我感到剧烈的疼痛，只有仰面躺下一段时间后才能得到缓解。

20世纪70年代的一天，当我正仰面躺在一间空荡荡的教室的地板上来缓解脊柱后凸引起的疼痛时，我的学生凯特·安特罗伯斯（Kate Antrobus）看到了，并问我出了什么事。当我告诉她情况后，她说："你应该去找我的老师伊莱恩·萨默斯。她是个天才，她可以帮助你。"我觉得虽然按摩、冥想和太极拳可以减轻我的疼痛，但它们在矫正我的脊柱后凸方面的作用可能微乎其微。所以我最初对此有点怀疑，但我后来决定保持开放的心态，并联系了萨默斯。

结果，我在萨默斯的动觉觉知法系统的指导下取得了很大的收获。我的脊柱弯曲程度和由此产生的疼痛都减轻了。在她每周对我的治疗中，我的改变都是很明显的。

近年来，我一直在深入研究纠正脊柱后凸的方法。我发现，应用萨默斯的（躯干）前部扩张（frontal expansion）的概念能够取得非常好的效果。这个概念不仅对我自己有效，而且对一些跟随我练习太极拳的八九十岁的学生也有效。

脊柱后凸的原因

年轻人的脊柱力学对线并没有因为长期做重复性的、长时间的、身体保持前倾姿势的工作而受损。对他们来说，所有的椎骨都是平衡的，不需要任何肌肉张力来使脊柱在放松的力学对线中保持自然弯曲。

老年人的脊柱更倾向于向后凸，而不是向前凸。当我们坐在办公桌前使用电脑和手机、阅读，或弹奏键盘乐器，或慵懒地坐在椅子、床上时，脊柱都会自动后凸。当我们习惯性地、长时间地保持前倾姿势之后，分隔相邻椎骨的椎间盘就会变得畸形。椎体也可能向前滑脱，导致脊柱后凸。为了保持正确的脊柱力学对线，就必须施加一定强度的力量，但是背部肌肉的收缩力只能维持很短的时间。在某种情况下，努力保持脊柱的正确姿态是徒劳的，因为背部肌肉已经处于损伤状态。甚至试图站直也会令人感到疼痛，背部肌肉会被迫屈从，并因此变得发软无力。随着时间的推移，这些肌肉在压力下会被拉长，并根据压力的强度和其他情况而出现不同程度的恶化。

脊柱后凸的负面影响

上背部肌肉被拉长到极限之后，除了疼痛之外，还会带来一些其他的负面影响。其中一个影响就是肺、心脏和消化器官会因此受到挤压；另一个影响是从脊椎中伸出神经根的椎间孔最终会变小，从而挤压神经根并使其发炎，导致继发性疼痛。

常用于矫正脊柱后凸的方法

那些脊柱过度后凸的人经常得到的建议就是："站直，把肩膀向后拉，收下巴。"尽管这些动作可能对加强和调节相关的肌肉有一些好处，但这并不是一个务实的解决方案。因为背部肌肉的收缩不可能使脊柱保持最佳形态，即使能做到，保持的时间也很短。因此，对于矫正脊柱后凸，利用背部肌肉并不能保持脊柱的力学对线，也不能解决脊柱后凸的根本问题。

而身体躯干前部的扩张，对支撑脊柱的力学对线会有很大的影响。练习胸部向上和横向的扩张可以减缓甚至阻止脊柱后凸的恶化。在某些情况下，还可以逆转脊柱过度弯曲的情况。

一种抑制或矫正脊柱后凸的方案

以下方案会得到三种效果：①脊柱后凸得到矫正；②不会得到矫

正但也不会恶化；③会恶化，但恶化的速度比其他情况要慢。①和②这两种效果可以减轻脊柱后凸带来的疼痛和其他有害的影响。根据我的经验，得到①的效果是非常有可能的。

该方案分为两个部分：①通过扩张来展开身体躯干的前部，从而给脊柱提供支撑并防止脊柱过度弯曲；②加强和调整背部肌肉，不是为了利用它们使脊柱保持最佳形态，而是为了让它们拥有正常的长度和强度。

通过扩张来展开躯干前部。其目标是认识并实现躯干前部向各个方向的扩张。随着时间的推移，即使在没有特意或努力的情况下，保持扩张的状态也能变得很自然。下面是两个有代表性的练习。

一个实用的练习是面向房间的角落站立，两只手分别撑在相邻的两面墙上，保持舒适的距离；然后身体慢慢地向前移动，同时扩张躯干的前部，放松背部。重力扮演着一个不大但很有用的角色。任何躯干向前的运动都必然伴随躯干前部的主动展开（图6-3）。

图6-3　作者面对一个90°的角落站立，两只手分别撑在相邻的墙上，保持舒适的距离。然后身体慢慢地向前移动，同时扩张躯干的前部，放松背部

　　另一个练习是面对墙站立，身体稍微向前倾，双手的小鱼际撑住一个大球，然后慢慢地将球向上滚，同时积极扩张躯干的前部，放松背部（图6-4）。

图6-4 作者在慢慢地把一个大球向上滚，同时主动扩张躯干的前部，放松背部

　　其他涉及扩张的练习。大多数太极拳套路的徒手动作都包含身体各个部分的交替开合。某些动作的开合是很微妙的，很容易被忽视；而一些动作，如单鞭、白鹤亮翅和斜飞式，其开合都是很明显的。认识到身体躯干前部的收缩和扩张对手臂动作所带来的帮助是很有价值的。当然，每个动作开合的方向都略有不同，如云手，按照郑子太极拳的打法，在身体的前面有一个垂直的开合，白鹤亮翅、斜飞式和搬拦捶会有斜线对角的开合，其他的动作也有不同的开合方式。

　　太极拳的大多数动作都包含了迈步，这会增加你分辨收缩和扩张的难度。然而，有一些动作，如揽雀尾上步之后的掤、捋、挤、按等，就没有迈步的动作，这些动作是体会并分辨扩张和收缩的理想动作。

我还发现，"五形气功之龟形"也可以用来以不同的方式练习躯干前部扩张和收缩。

力量训练。训练背部肌肉的收缩力量是非常重要的，但不是因为这样做能纠正脊柱后凸，而是因为躯干前部在扩张过程中产生的支撑力可以放松背部肌肉，使它们更容易恢复原本的张力和正常的长度。此外，在缺乏躯干前部支撑的情况下，背部的肌肉越强壮，就越不易被过度拉长。

图 6-5 和图 6-6 展示了背部的强化练习。在这两个练习中，双臂在后拉和展开的同时，躯干前部应主动扩张。躯干前部的收缩应发生在动作的放松释放阶段。

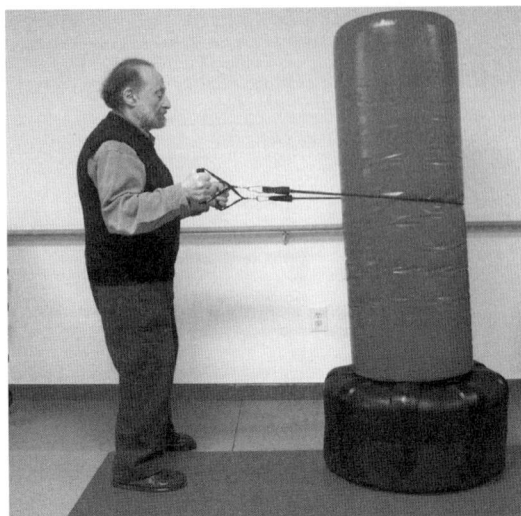

图 6-5 作者通过往后拉弹力绳来锻炼背部，加强背部肌肉的力量。主动扩张并展开躯干前部，收缩背部

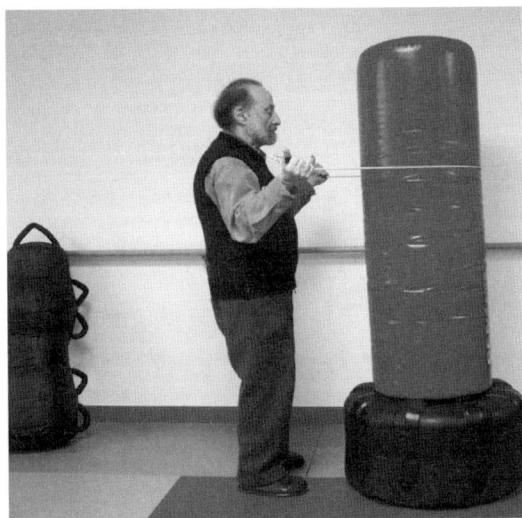

图 6-6 作者通过在胸前向两侧拉开弹力绳来展开躯干前部，并加强背部肌肉的力量。扩张躯干前部，收缩背部

图 6-7 和图 6-8 展示了两个额外的强化练习。当双臂向下拉的时候，脊柱向上伸展。

图 6-7 作者利用弹力绳做肘部向内向下拉的动作来锻炼背部肌肉

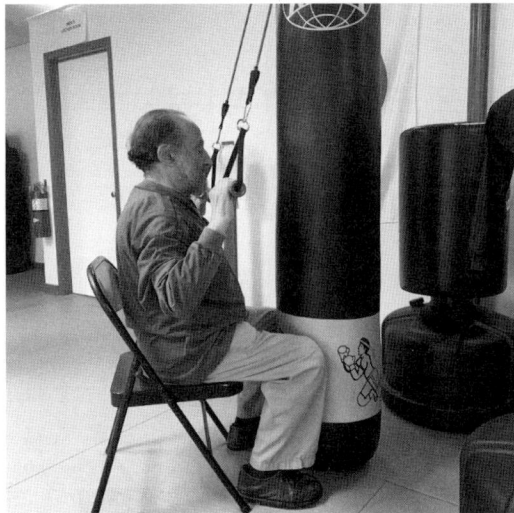

图 6-8 作者利用弹力绳做肘部向外向下拉的动作来锻炼背部肌肉

利用太极拳的动作来抑制或矫正脊柱后凸

太极拳套路的每个动作都适合练习躯干前部的扩张，尤其是起势、如封似闭、单鞭和白鹤亮翅。

☯ 实践 6-1

在起势中，抬起手臂，十指张开，双手下按，使前臂与地面保持水平。在双手下按时，两肩关节放松，手臂在重力的作用下向下移动，这样手肘就会自然下垂。这样做会打开胸部，使用扩张力可以主动增加打开的幅度。

☯ 实践 6-2

在如封似闭这个招式中，当手臂分开并向后移动时，体会这个动作打开胸部的感觉，使用扩张力可以主动增加打开的幅度。

利用扩张力矫正腰椎的再讨论

腰椎前凸的原因

许多人，尤其是女性，都有腰背部出现问题的经历。这些问题可能是由于举起重物的姿势不正确、体重超重，或小时候模仿成年人的不良姿势所导致的。腰椎前凸（过度弯曲）的一个原因是穿高跟鞋，鞋跟使脚跟不协调地抬起，导致身体向前倾斜。身体为了对冲这种倾斜就必须向后仰，于是腰椎的曲线被破坏（驼背）（图 6-9）。

图 6-9　模拟高跟鞋对身体姿势的有害影响。注意骨盆是向前顶，以至于腰椎弯曲的曲线更大

　　腰椎的过度弯曲会破坏整个脊柱的协调性，并导致其他问题，如腰背部疼痛。我在《太极动力学》一书中用了一节的篇幅解释了含胸拔背和扩张力是如何发挥作用的。我使用力线图来解释腰椎的过度弯曲是如何使身体变得虚弱的，使用收缩力是如何使身体软弱无力的，使用扩张力是如何使身体强壮有力的。

　　然而，含胸拔背有时被太极拳练习者和老师误解为"向前卷尾骨"，从而间接地降低腰椎弯曲的程度。然而，通过卷尾骨来降低腰椎弯曲的程度会让身体的一部分与另一部分对立起来，这违反了太极拳的原则，是一种有害的、非自然地对待身体的方式。通过发送生物电信息来伸展控制腰椎曲线的肌肉以实现含胸拔背，和通过收缩身体各部位的肌肉来迫使腰椎就位，这两种方式有很大的区别。

　　◐ 实践 6-3　扩张你的腰背部

你需要一个枕头和一条小毛巾。枕头的合适高度是：当你仰卧、头枕在枕头上时，你的颈椎正好处于最佳的力学对线。躺在地板上，把毛巾卷起来，沿脊柱方向放在腰下，头放在枕头上。从屈从于重力开始，放松你身体的每个部位。放松对于了解激活一个动作所涉及的部位至关重要。接下来，利用脊柱与毛巾接触部分的肌肉去压毛巾，只需很小幅度的动作即可。你可能会习惯性地使用其他部位的肌肉，如腹部、肋骨、骨盆或腿部的肌肉。然而，我们的目标是只使用与毛巾接触的肌肉，即那一小段脊柱周围的肌肉。

如果你习惯性地注意腰背部的曲线，那么问题可能就是你不会意识到你正在过度使用那个部位的肌肉，实践的目的就是要让你获得这种意识。一段时间后，试着让你的腰背部稍微抬离毛巾。然后再试着把你的脊柱向一边稍微弯曲，然后再向另一边稍微弯曲。

当你想停下来时，就休息一下，直到你身体的变化趋于平静。然后向一侧翻身，用你的手臂支撑，侧着身子坐起来。这种从地板上坐起来的方式能最大限度地减少脊柱周围肌肉的紧张，并避免你以习惯的方式运用这些肌肉。然后慢慢地站起来，感受一下你整个身体的变化。回想你泡完热水澡出水时肌肉变得沉重的感觉也是很有用的。

学会只移动腰椎的方法可能需要一些时间，但你一旦学会，就能意识到那个区域的习惯性紧张，并且已经有了放松它的方法。

在太极拳套路练习中向前卷尾骨是好还是坏

当然，放松尾骨是对的，但是一些瑜伽和太极拳的老师告诉学生要向前卷尾骨以减少腰椎的过度弯曲，这是错误的。这样做并没有触及问题的根源，反而增加了一个额外的问题，即一组肌群会挤压另一组肌群。

有一个问题是，许多人试图通过使骨盆前倾来实现向前卷尾骨，而这并不能真正帮助纠正腰椎过度弯曲。只要看看骨盆和脊柱的解剖图就会发现，它们是由骶髂关节连接在一起的。这些关节提供了独立的旋转运动，也就是说，在脊柱没做任何运动的情况下，骨盆可以向前或向后倾斜（图 6-10）。

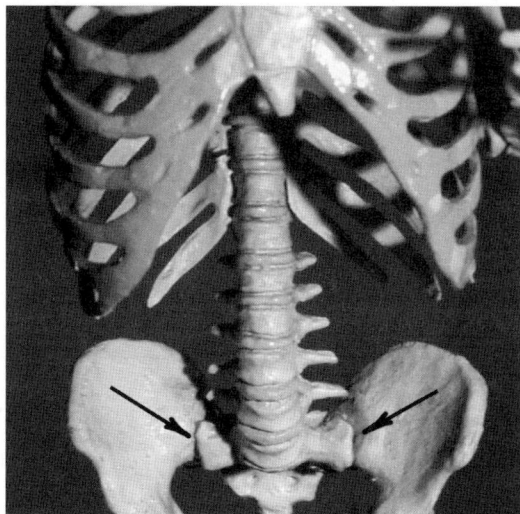

图 6-10 骶髂关节（箭头所指）的前视图，该关节连接脊柱与骨盆

尽管向前倾斜骨盆作为一种练习是有价值的，但长时间地将骨盆固定在一个力学对线会切断血液和气的流动。

☯ 实践 6-4 检查骨盆和脊柱运动的独立性

站立时，将一只手的食指放在尾骨（骶骨）上，并向前、向后倾斜骨盆。请注意骨盆的运动不要带动骶骨的任何运动。

向前倾斜尾骨以迫使腰椎伸直，需要通过一组肌肉对抗另一组肌肉的持续收缩来固定盆骨的位置。而两组肌群相互对抗只会使问题恶化，并不能从根本上解决问题，也就是说，使用肌肉持续收缩的力量会导致脊柱过度弯曲。缓解紧张的适当方法就是意识到紧张并做一些小幅度的、有意识的、放松的动作，从而激活使脊柱脱离最佳力学对线的意识（实践 6-2）。

重要提示： 向下伸展尾骨是有益的，就像伸展身体的任何部位一样，但伸展尾骨和卷尾骨是完全不同的。正如把头部向上伸展，实际上是颈椎延伸到支撑头部的寰椎，腰椎向下伸展。这样的环节往往是在扩张时以及增强根劲、增加扩张力时所缺失的。需要注意的是，骨骼本身不能自行移动，只能通过肌肉的收缩或周围组织的扩张来移动。

如何应用太极的原理和哲学

太极最基本的原理是太极生阴阳。身体的前面是阴，后面是阳。阳是主动的、扩张的和凸出的。阴是被动的、承接的和凹进的。向前卷尾骨需要收缩身体的前面，这是阴阳颠倒；也就是说，身体前面变成了主动（阳），而背部变成了被动（阴）。此外，太极拳的原则教导我们，不要强迫任何东西，要让每个关节都处于中立的力学对线。例如，《太极拳论》中说"一羽不能加，蝇虫不能落"，即轻到即使只加上一根羽毛也能感觉到它的重量，灵活到苍蝇都无法落在身上。将尾骨、骨盆和髋关节固定在偏离中心的位置，与太极拳的基本原则是相违背的。

矫正一个人的腰椎过度弯曲的首选方法就是通过实验来向他展示他为了维持脊柱的过度弯曲而导致大量的肌肉紧张。一旦放松习惯性的肌肉紧张，脊柱就有机会逐渐恢复其自然的形状。

多年来，我成功地与许多学生一起解决了这个问题。关键的一点是你要学会扩张腰背部的肌肉。我的体会是，大多数人在这方面都需要相当多的指导和实践。

为了获得含胸拔背的效果，向前施加一个较大的扩张力很重要。在这样一个持续伸展的状态下练习套路时是没有具体的发力目标的，因为你不是在针对另一个人发很大的力。自然的腰椎曲线最适合于站立和运动，在做太极拳的动作时也同样要让腰椎保持自然的曲线。让身体保持在一种不必要的紧张状态同样违反了太极拳的原则。所以，在做太极拳的动作时，只需要让骨盆自由悬浮、腰椎和尾骨自然放松即可。当然，那些还无法做到含胸拔背的练习者，要想做到不向前卷尾骨，就需要重新训练自己的思维，并学会使腰椎达到一个自然、放松的状态。

利用缓慢、放松的动作来改善颈椎问题

伊莱恩·萨默斯教我的动觉觉知法的动作对缓解颈部的紧张非常有效。它非常简单，但需要静下心来去做。动觉觉知法强调尽可能地依靠自身，并通过非常缓慢、专注地做简单的动作来找到问题的根源。这样做可以让你发现一些紧张点。这些紧张的地方可以通过下面的方法来缓解：①你对紧张会消失的期望；②被动的、放松的、缓慢的运动。动觉觉知法的动作通常是躺在地板上进行的，因为这样你就不需要处理重力和平衡的问题，可以尽可能地放松，并使你放弃关于身体应该如何移动的先入之见。

☯ 实践 6-5　放松颈部肌肉

在接下来的实践中，你需要一块足够大的、铺有地毯的地板，以及一个直径 7~10 cm 的充气橡胶球或充气塑料球，球是实心的更好。你也可以用枕头代替球。

仰卧（也可以躺在运动垫上），把球放在后脑勺下，并使你的头部中心位于球的中心上方，同时使你的头部处于身体的中线上（既不向右偏转也不向左偏转）（图 6-11）。

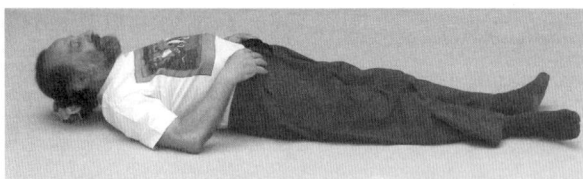

图 6-11 头部中心就位于球的中心上方

静躺一会儿，头枕在球上，克服重力，并尽可能多地放松身体紧张的部位。你可能需要相当长的一段时间才能发现紧张感，因为你对某种紧张状态已经习惯了，以至于这种状态可以在不被察觉的情况下持续存在很长一段时间，数小时、数日、数周、数个月，甚至数年。这种紧张感很难在不做动作的情况下消除。

动作要做得慢到你可以意识到所参与的肌肉的活动，以便你能够放松持续处于过度紧张状态的肌肉。与此同时，血液把氧气和营养物质输送到受影响的细胞中，并排出有毒的废物。缓慢、放松的动作也会增加气的流动。

一旦你达到了充分放松的状态，就开始非常缓慢地、持续地把头转向一边，转动的时候尽可能地放松你身体的每一块肌肉。你要缓慢且连续地做动作，要让动作变化小到只有有经验的观察者才能发现。

重要提示：如果你在完成这个动作的过程中感到了任何疼痛，请不要继续进行。你要花些时间放松所涉及的肌肉，这样你就可以轻松地渡过疼痛关。能毫无痛苦地完成一个原本做起来会很痛苦的动作，会获得最大的治疗效果。

当你转头时，可能会出现头部即将从球上滚下来的情况。因此，你要么在转头时继续将头部的重心保持在球的中心上，要么用手挪动球将其重新定位，只要重新定位不是很频繁，不妨碍你进入冥想的状态即可。

当你的头部转动到其自然运动的极限时（图 6-12），就让它停在那个位置，然后你继续尽可能多地放松紧张的部位。当你成功地克服了重力后，以同样放松、缓慢和持续的方式把头部转回到身体中线，然后休息并感受效果。当身体重新平静后，再把头转向另一侧重复这个练习。

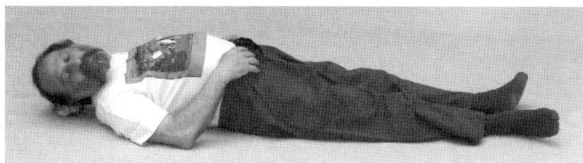

图 6-12　头部转动后相对于球的位置

当你完成这个动作后，可以把头放在球的中心位置上休息。

注意：如果你觉得自己想睡觉或将进入冥想状态，就把球拿开，以防止头滑落撞到地板上。为了使颈椎保持最佳的力学对线，在做这个练习时，可以把头放松地放在地板上或放在一个高度适当的枕头上，而不是放在球上。

另外，地板比较凉，所以你可能需要盖一条毯子。

当你完成练习后，向一侧翻身，然后顺势慢慢地坐起来或站起来。起身时，用你的手臂支撑，不要绷紧脊柱周围的肌肉，因为你才放松了这些肌肉。

或者，你可以试试在做这个实践练习时，把球放在颈部下面，而不是头部下面。

用扩张的方法缓解跖筋膜炎

跖筋膜炎是因跖筋膜在足跟内侧粗隆附着处反复受到牵拉出现劳损而产生的慢性炎症，临床表现为足跟部痛。

根据我的经验，跖筋膜炎产生的一个原因是长时间地重复用前脚掌做向下踩的动作，或长期持续地抬高脚跟而导致脚底过度拉伸。我第一次发生跖筋膜炎是在练八卦掌时只使用前脚掌走圈之后，当时我双脚的疼痛持续了 6 个月。后来，我用前脚掌在狭窄的梯子上站了太久之后，跖筋膜炎复发了。

治疗跖筋膜炎的一种传统方法是：坐下，腿伸直，双手握住一条毛巾的两端，让毛巾的中部绕过脚底，然后向身体的方向拉动毛巾。如图 6-13 所示的拉伸练习的效果会适得其反。根据我的经验，利用杠杆、重力或一组相对应的肌群来拉伸发炎的组织的做法是不正确的。

与其去拉伸脚底部的发炎组织，不如让患脚的前脚掌站在台阶的边沿，脚跟悬在台阶外。然后通过向下伸展小腿背部的肌肉来向下伸展脚跟，而不是拉伸脚底的组织，如图 6-14。拉伸腘绳肌和腓肠肌的方式可以减轻脚跟及脚底的肌肉受到的牵拉。在跖筋膜炎复发的早期阶段，该方法可以使炎症迅速缓解。

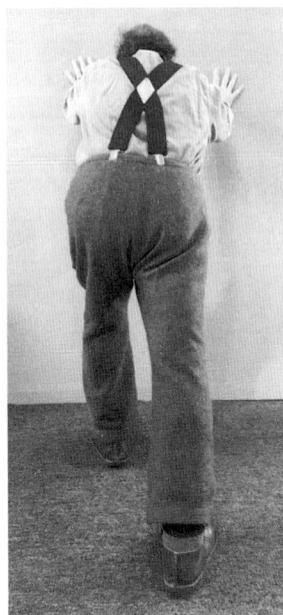

图 6-13　这里展示拉伸方式会得到相反的效果，即利用重力和杠杆来拉伸腿部后面的肌肉，脚底也会被拉伸，这可能会使跖筋膜炎炎症恶化

图 6-14　作者推荐的缓解跖筋膜炎的拉伸方式。在这种情况下，在脚跟向下伸展的同时，脚底会保持放松

第七章　平衡

平衡取决于许多因素，本章将主要讨论以下几点：①重力；②腿部力量；③人体重量在脚底的分布；④膝关节、脚踝、足弓的力学对线；⑤质心；⑥全身运动范围；⑦视觉；⑧感知你所处的环境及其局限性；⑨（内耳）半规管。

重力

斯芬克斯之谜

在古希腊作家索福克勒斯（Sophocles，约前 496—前 406）的戏剧《俄狄浦斯王》（*Oedipus Rex*）中，俄狄浦斯成功地解开了斯芬克斯的谜语："什么东西走路是早上用四条腿，中午用两条腿，晚上用三条腿？"答案是"人"。人类在婴幼儿时期用四肢爬行，然后直立行走，在生命的后期将屈服于重力，借助拐杖行走。

重力是我们的朋友，没有它，我们将会无助地飘浮，但我们也必须不断地与之抗争。许多老年人担心自己跌倒，而跌倒后的死亡率会随着年龄的增长而增加。练习太极拳可以提高平衡能力，减少跌倒的概率，减少跌倒后受伤的概率。当然，在太极拳运动和日常生活中领悟了平衡的机制后，跌倒的可能性会进一步降低。

根劲与平衡

你有根劲意味着你像一棵树把根深深扎在土地里一样，使自己与大地连在一起。练习武术的两个主要目标就是保持自己的根劲，同时熟练地破坏掉对手的根劲。在武术和日常生活中，失去与地面的联系都可能会产生严重的后果。

根劲和松

松（见第一章）是产生根劲的最重要的条件之一。你的身体一旦出现紧张状态，尤其是上半身，不仅你的根劲会被破坏，而且你的重心也会上升，从而增加你跌倒和受伤的概率（关于重心的问题将在本章后面进行讨论）。

松也是获得扩张力的必要条件（见第二章），而扩张力对有效地使用力量和身体快速恢复非常重要。

最后，松的结果就是重心会低得多，这意味着身体稳定性的增加，并且能够减轻跌倒后所受到的伤害。

腿部力量和灵活性

当你失去平衡时，决定你是否能恢复平衡的因素之一，是你能否转移重心。因此，灵活性和腿部力量的结合对防止摔倒很重要。双腿越强壮，它们的活动范围就越大，纠正失衡的能力就越强。

有许多研究报告证实，老年人和那些有帕金森病等健康问题的人在学习太极拳后，跌倒的频率会下降。这个结论与我的一些老年太极拳学生的经验一致。太极拳是如何降低跌倒的频率的呢？

许多老年人，甚至是年轻人，都容易跌倒。因为他们坐着的时间太长导致腿部肌肉萎缩。练习太极拳对于腿部力量的增加有很大的帮助。太极拳其中一个步法要求将全身重量放在一条支撑腿上，这条支撑腿还是弯曲的，其弯曲幅度要比日常生活中的更大。由此产生的股四头肌和腿部其他肌肉的拉伸，不仅提高了肌肉的适应能力，而且使腿部的力量大幅增加。

增强腿部肌肉力量的练习

下面是一些有价值的练习，可以增强小腿和股四头肌的力量。

脚跟摆动练习。这个练习是郑大师教的，目的是帮助膝关节受伤的人康复。这个练习对增强股四头肌的力量也很有价值。这不是一个平衡练习，所以你可以轻轻地扶着一个支撑物。从单腿站立开始，支撑腿弯曲，抬起另一条悬空的腿的膝关节。接着，在不降低膝关节高度的情况下，将脚跟向上伸展，之后沿弧线回落。重复几次，然后踢踢腿以放松肌肉。休息片刻后换另一侧练习。随着时间的推移，在你的腿部力量允许的情况下，增加每侧练习的重复次数，最后达到每侧连续重复36次（图7-1）。

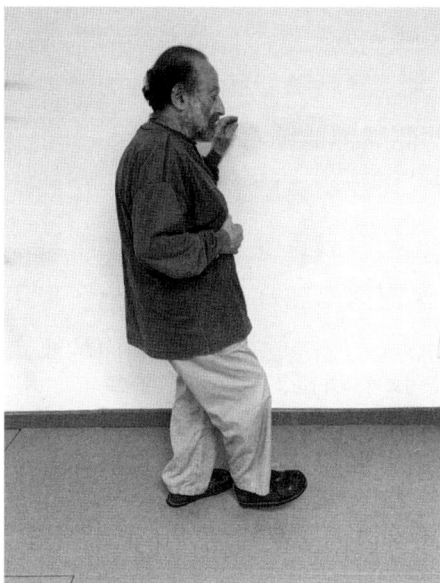

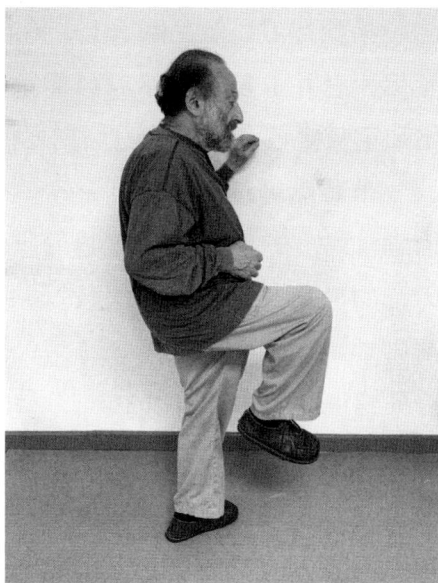

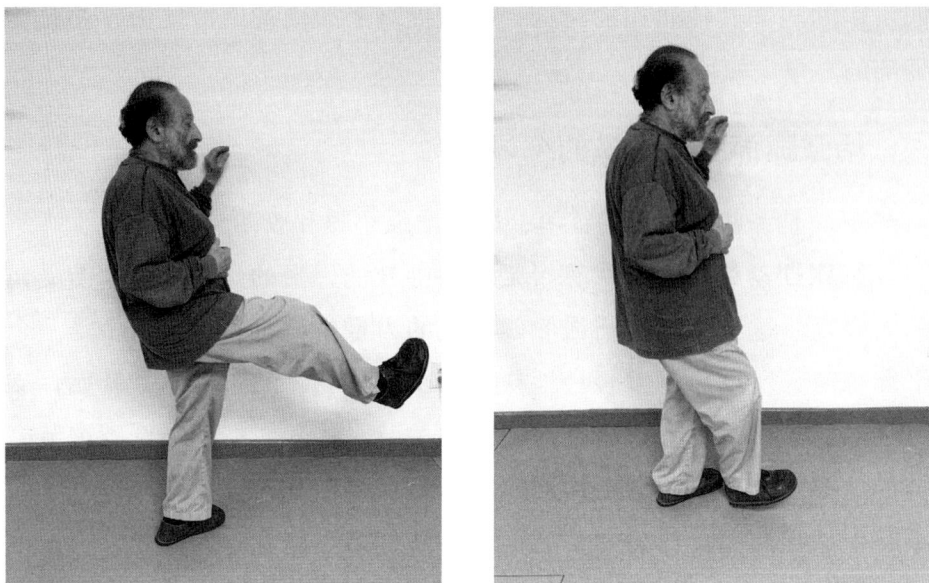

图 7-1 作者展示的脚跟摆动练习

抬腿练习。坐在椅子上，抬起一条腿，水平伸展，收紧股四头肌。然后休息并重复。开始时只需重复几次，然后随着腿部力量的增加而增加重复次数。每次练习一定要保证两侧腿都能练习到。

单腿踮脚练习。扶住一个支撑物，抬起一条腿。之后用支撑腿的前脚掌站立，再放下支撑腿的脚跟。开始时只重复做几次，随着腿部力量的增加，增加重复次数。一定要保证两侧腿都练习到。你还可用前脚掌站在楼梯的边沿来练习，以增加运动强度。每次都将你的脚跟降低到楼梯的水平面以下。

注意：过量练习这个动作会导致跖筋膜炎，因此要量力而行。

增加柔韧性

在我教授太极拳的几十年里，每节课都是从热身、冥想和拉伸开始的。在这段时间里，我观察到，几乎所有年龄段的学生中都有人在双腿并拢伸直时可以够到他们的脚趾。大多数可以够到脚趾的人利用的是上背部的柔韧性，而不是他们的腘绳肌。

拉伸的方法有很多种。我发现，能够将有效果的、安全的和健康的特性结合在一起的最佳方法就是利用扩张力和重力，而不是让身体的一部分与另一部分进行对抗。

🔘 实践 7–1

一个很有用的伸展动作就是站立体前屈，双腿略微弯曲（图 7-2）。这个动作的重点是向上伸展髋关节，保持放松，感受髋关节以上身体各部位的重量，并将重量向前移到前脚掌上，脚趾不要扣紧。通常的练习是，先伸展身体，然后再向前弯曲。每次伸展都是为了使向前弯曲的幅度达到最大。

图 7-2　站立体前屈，双腿略微弯曲

有两种抬起身体的方式。主动抬起身体的一种方式是收缩腘绳肌和背部肌肉。但这种方式会适得其反，因为它会收紧和缩短我们正在努力放松和延长的肌肉。另一种被动的（也是更好的）抬起身体的方式是先吸气，使小腹向大腿前方扩张，从而在不收缩背部肌肉和腘绳肌的情况下将身体抬起；然后呼气，进一步放松这些肌肉，使身体下弯的幅度大于吸气时身体抬起的幅度。以这种方式重复抬起和弯曲身体 3 次。

注意：要在不收缩腘绳肌和背部肌肉的情况下将弯曲的身体抬起，这一点很重要。原因如下：①绷紧你刚刚努力放松的肌肉会使你在直立时无法体验到它们的放松状态；②当肌肉被拉伸到不习惯的长度，然后突然在外力的作用下被迫收缩时可能会受伤，恢复原状则需要很长时间；③用背部肌肉抬起身体会给脊柱带来巨大的、具有潜在伤害性的压力，这种方式就像是在搬起某种重物一样。为避免这种情况，你可以同时弯曲膝关节，降低尾骨，以使躯干几乎垂直于地面，同时脊柱弯曲的幅度尽可能小。之后伸直双腿，抬起身体——你应该用腿（而不是用背部）像举起重物一样抬起身体。

当身体弯曲时，另一个非被动的，但很有价值的附加动作就是升起一侧的髋关节，降低另一侧的髋关节，然后交替地重复升降两侧髋关节。最后将身体抬起的动作是通过伸展大腿后部的肌肉来实现的，而不是通过收缩大腿前部的肌肉。这样一来，腘绳肌和背部肌肉就可以按照自己的方式进行伸展，而不是被拮抗肌群强迫伸展。

寻找脚的中心点

前后摇摆

下面的实践是我从曾帆祥那里接受训练后所设计的，非常有价值。

● 实践 7-2

以 50-50 的姿势站立（每只脚各分担 50% 的身体重量），双脚平行，保持舒适的间距。双脚平行意味着双脚的纵向中心线应该平行。

将重心向前移动，移到脚掌上，然后再向后移动，直到你用脚跟支撑身体。保持这样的前后摇摆，并感觉在每个前后摇摆的循环中，脚上所承担的重量在每只脚的横向中心线前后交替地变换（图7-3）。然后减小每次摇摆的幅度，但每次仍需使重心穿越横向中心线，直到你的重心停在脚的横向中心线上。也就是说，每只脚上所承担的重量将落在该脚的横向中心线上。记住那种感觉，这样你以后就可以使之重现。

图7-3 脚的横向中心线和纵向中心线。脚的中心点就是这两条中心线的交叉点。请注意，对于此图所示脚部而言，脚的中心点的压力为0

交替摆动脚的外侧和内侧

以50-50的姿势站立。将你的膝关节向外侧摆动，从而将重心转移到脚的外侧。然后再将膝关节向内侧摆动，从而将重心转移到脚的内侧。就这样不断地将重心从脚的一侧摆动到另一侧，感觉在每个摆动周期中，每只脚上所承担的重量都会从一侧转移到另一侧，并穿过每只脚的纵向中心线。然后减小每次摆动的幅度，但每次仍需使重心穿过脚的纵向中心线，直到你将重心停在脚的纵向中心线上。记住那种感觉，这样以后你就可以使之重现。

现在重复向前向后、向左向右摆动两个练习，直到你在站立的时候，每只脚上所承担的重量正好位于横向中心线和纵向中心线的交叉点上。

确定脚的中心点

脚的中心点是纵向中心线和横向中心线的交叉点，见图 7-3。在这个图中，纵向中心线从第二个脚趾和第三个脚趾之间穿过。这种使用视觉和分析思维来理解的位置只是一个粗略的指南，并不能取代实践 7-2 中的摆动练习所提供的直接体验。

同时需要注意以下几点。

（1）对习惯的模式进行任何改变都会带来奇怪的感觉。

（2）在练习太极拳的过程中，或者在日常生活中，每走一步，都要努力重现将脚所承担的重压中心停在脚的中心点的感觉。

（3）即使你全身的重量都压在脚上，你的脚的中心点也可能只有很少的压力，或几乎没有压力。

（4）不管一只脚所承受的重量是多少，压力应该围绕这只脚的中心点分布。

在行走过程中，全身重量会 100% 落在一只脚上，而一只脚只有几厘米宽，因此，其所承担的重量在横向上的微小误差就可能会导致身体失去平衡。当重心转移到脚的外侧时，能够恢复平衡的力量就很少了。当重心转移到脚内侧时，大脚趾帮助恢复平衡的可能性也会变得很小。

在双人对抗的情况下，当你的重心移动到脚跟时，你就很容易被对方推得向后倒，当你的重心移动到前脚掌时，你就很容易被对方拉得向前倒。

膝关节、踝关节、足弓的力学对线

矫正膝关节、踝关节和足弓的力学对线越来越受到太极拳教练的重视。当膝关节、踝关节和足弓的力学对线没有竖直对齐时，人们会下意识地避免把身体重量放在这条腿上。毕竟，这些部位不当的力学对线会为其带来潜在的伤害，而且身体也会抗拒把重心移到错位的腿部，腿部的力量和柔韧性也会因为这些部位错误的力学对线而降低。

注意: 将身体重心放在双脚的中心线上有助于获得正确的膝关节、踝关节和足弓的力学对线。在《太极步训练》（*Tai Chi Walking*）中有整整一章是介绍膝关节、踝关节和足弓的力学对线的。

如果这些部位的力学对线不正确，当你为了避免摔倒而需要突然将身体重心移向一只脚时，你的膝关节或踝关节就可能会产生疼痛甚至受伤，然后导致你跌得更重。

将重心从一只脚转移到另一只脚

尝试做以下练习，将重心从一只脚转移到另一只脚。

● 实践 7-3

以 50-50 的姿势站立，双脚分开，与肩同宽，两脚的中心线应该是平行的。

接下来，慢慢将你的重心转移到一只脚上，同时保持该脚所承担的重量在脚的中心点，就像之前所练习的那样。因为你始终保持将每只脚上所承担的重量置于脚的中心点，所以当全身的重量完全转移到这只脚上的时候，这只脚承受的重量将自动位于脚的中心点，无须再调整。然后慢慢地将重心转移到另一只脚上。之后交替地向左右脚转移重心。

在做该练习时，你要确保每只脚上所承担的重量都能保持在脚的中心点上。

◑ 实践 7-4

以 70-30 的姿势站立，使每只脚上所承受的重量位于脚的中心点（图 7-4）。

接下来，慢慢地将重心转移到后面的脚上，并使每只脚上的压力持续居中。当身体重量完全转移到一只脚上时，该脚上所承受的重量将自动居于脚的中心。

然后慢慢地将重心的 70% 转移到前面的脚上。之后交替地将重心在前后脚之间移动。

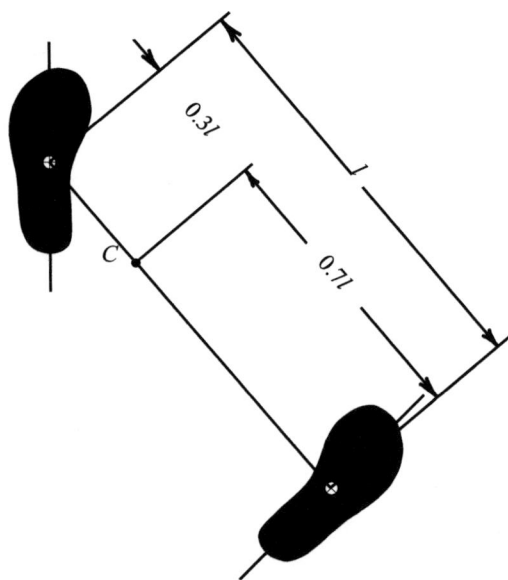

图 7-4　以 70-30 的姿态站立。请注意，身体的重心在地面的投影（C 点）位于连接双脚中心点的直线上，即从后脚的中心点到前脚的中心点之间的距离大约 70% 处

膝部画圈

◑ 实践 7-5

双脚平行站立，两脚之间保持舒适的距离（图 7-5）。膝部半弯曲，

并让膝关节画圈，保持每只脚所承担的重量始终位于脚的中心点。

图 7-5　以一个相当接近 50-50 的姿势站立，双脚中心线平行。请注意，身体的重心正对着双脚的中心位置

注意：该练习的目标是使每只脚上所承担的重量始终位于脚的中心点上。然而，同时去感知几件事是非常困难的。因此，首先，将你的意识从一只脚转移到另一只脚，并对脚上所承担的重量的位置进行纠正。随着不断的练习，你的潜意识开始发挥作用，你将毫不费力地完成这项工作。

质心

物体的质心（图 7-6 中的 C_m 点）是物体在自由支撑时能够处于平衡状态的支撑点。对称均质物体的质心位于其几何中心。此外，根据物体的形状，其质心甚至可以不在该物体上。例如，垫圈片的质心位于其中心孔内的几何形状的中心（图7-6）。

当一个物体可以通过其上的某点被

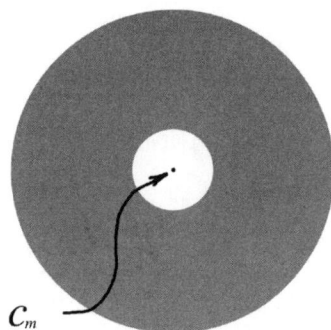

图 7-6　垫圈片的质心位于其中心孔内的几何形状的中心

支撑并且通过该点被悬挂时，这个物体能够自由旋转，其质心位于该点的正下方。因此，可以通过以下步骤找到二维（平面）物体的质心：将物体通过其上的任意点 A 悬挂起来，这样，质心将落在通过 A 的垂直线 l 上。然后将物体通过其上的另一点 B 悬挂起来，这样，其质心将位于通过 B 的垂直线 l' 上。垂直线 l 和 l' 的交点就是质心。若想对之进行确认，可将物体通过其第三个点 C 悬挂起来，通过 C 的垂直线 l'' 也必然穿过该质心（图 7-7）。

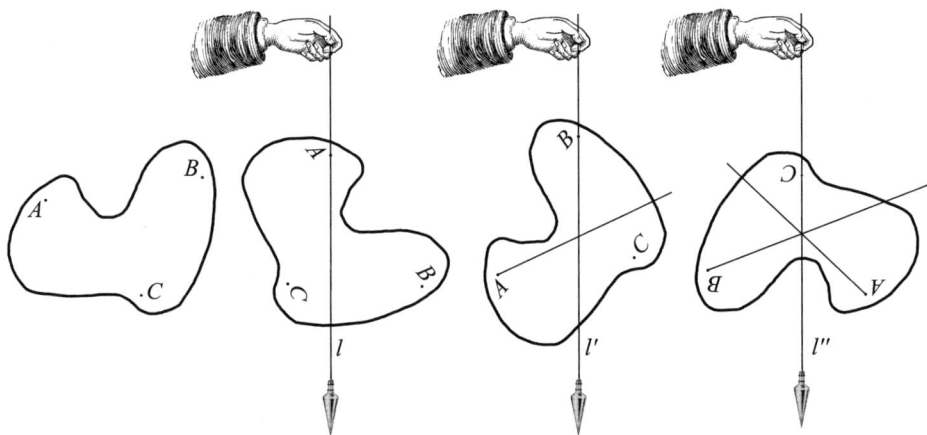

图 7-7　二维（平面）物体的质心是分别通过不同的自由支撑点 A、B 和 C 的两条或多条垂直线 l、l' 和 l'' 的交点

人体的质心

人体的质心被认为是在丹田，即脐下三寸。因为人可以改变自己的形状，所以人的质心可以随着其运动状态的变化而改变。例如，当你单腿站立，保持平衡状态，并将抬起的那条腿向前伸出时，你的质心会向前移动。如果你不对这种变化做出应对，你就会失去平衡。所以，你需要迅速将抬起的脚放回地面，以免摔倒。你也可以通过将你的身体向与伸出的腿的相反方向进行移动来补偿这种质心前移的变化，

以重新保持平衡。这时，你的新的质心将位于支撑脚的中心点上。本章后面将提供关于这一概念的实践。

想象你的质心

现在试着重做实践 7-3 和 7-4。这一次，你在移动身体时，想象自己的质心在两脚中心的连接线上移动。

● 实践 7-6

以 50-50 的姿势站立，首先想象有一条连接你双脚中心的直线（图 7-8），然后想象你现在身体的质心位于这条连线的中点。现在将你的身体重量 100% 地移到一只脚上，然后再 100% 地移到另一只脚上，想象你的质心在沿着这条连线移动。注意，要一直保持每只脚所承受的重量位于那只脚的中心点上。

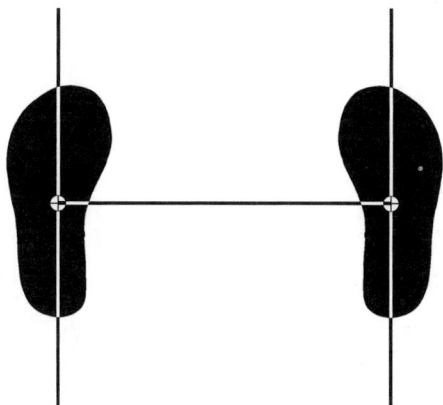

图 7-8　以 50-50 的姿势站立，双脚距离与肩同宽，双脚中心线平行

● 实践 7-7

以 70-30 的姿势站立（图 7-4）。首先想象有一条连接双脚中心的直线（请注意，你身体的质心现在应位于双脚中心的连线上，在后脚

中心到前脚中心之间距离的 70% 处）；然后慢慢地将身体重量 100% 地移到后脚上，再将身体重量的 70% 转移到前脚上。想象你的质心在你的双脚中心的连线上移动，持续保持每只脚所承受重量位于那只脚的中心点上。

一旦质心离开双脚中心的连线，那么在一只脚或两只脚上的重量就会偏离脚的中心点。只要每只脚上的重量都在那只脚的中心点，你身体的质心就会自动位于你双脚中心的连线上。

注意： 练习推手的好处之一就是能够发展将你的意识扩展到自己之外并能感知他人状态的能力。一个有经验的练习者能立即感觉到另一个人的质心并对其进行利用，使之对己有利。

平衡实践

单腿平衡

当你抬起一条腿向任一方向伸出时，抬起的腿的重量和杠杆力会使你的质心向该腿伸出的方向移动。为了保持另一条腿（根）的平衡，你需要将身体的其他部分向相反的方向移动相应的量，以便将质心保持在负重脚的中心点上。否则，你就会失去平衡。

● 实践 7-8

一只脚向外转 45°，另一只脚慢慢抬起。在做这个动作的过程中，要始终将支撑腿所承受压力的重心放在该脚的中心点上。然后将抬起的脚向各个方向（上、下、左、右、前、后等）伸出。当你将抬起的脚向各个方向伸出并同时为了保持平衡而移动上身时，你要调整质心，

使其位于脚的中心点上。值得注意的是，我们一般会倾向于关注主动
移动的（阳）脚而忽视支撑的（阴）脚，因此你需要关注支撑脚，并
在移动抬起的脚时调整质心，使其位于支撑脚的中心点上。当你感到
疲劳时，抖一抖支撑腿，放松一下，然后换腿练习。

注意：你要慢慢地进行下面的实践，这样你才能意识到每一个必
然出现的变化。此外，我们往往会过分地关注移动的（阳）脚，所以
不应该忽视支撑的（阴）脚及其与地面的接触。

● 实践 7-9

以太极拳的预备势开始时的 50-50 姿势站立（图 7-9），每只脚各
承担一半的身体重量。向右移动重心并将之下沉，同时身体向右转。
这些动作会使你的左脚跟略微抬起，左腿会以前脚掌为中心顺时针旋
转，之后开始向左迈步。当你的左脚迈步时，感受右脚所承受压力的
重心即将偏离脚的中心点、开始向右脚内侧移动。为了保持右脚压力
的重心居于脚的中心点上，你需要在左脚迈出时将身体向右侧做出相
应量的移动。

图 7-9　以预备势的 50-50 姿势站立，双脚脚跟相接触，双脚脚尖外撇，与所面对方
向大约呈 45° 角

💿 实践 7-10

在镜子前重做实践 7-9,观察镜子中的你以及你身后静止的物体。你应该能观察到,当你向左侧迈步,身体重量全部集中在右脚上时,你的身体向右侧稍微地移动了一些。

太极拳套路中的迈步

💿 实践 7-11

缓慢地做太极拳的动作,努力在重心转移时将每只脚所承担压力的重心置于该脚的中心点上。你移动得越慢,你的意念能够觉察到的东西就越多。每次转移重心时,要感觉到脚的压力重心在你脚的中心点上。想象着有一条线连接着两只脚的中心点。当迈步的脚向外移动时,感觉支撑脚所承受的压力的重心,并使其保持在该脚的中心点上。

注意:以上实践应该一直练习,直到你可以很容易地将每只脚所承受的压力的重心置于脚的中心点上,并将质心叠加在该点上。然后,在练习太极拳套路的时候重新达到这个状态。这样做可以提高你做太极拳动作时的平衡性和迈步时的稳定性。

推手练习

💿 实践 7-12

在你练习推手时,特别是转移重心和转动身体时,要努力保持每只脚上所承受的压力的重心都位于脚的中心点上。每当转移重心时,你都要去感觉双脚的中心点以及它们之间的连线的情况。

视觉

硬视觉和软视觉

视觉和平衡是相互关联的，比如，在摇摆的船上看远处的地平线可以防止恶心。

我们习惯于使用硬视觉，包括盯着一个小区域看等。这样做可以让我们看到细节，但需要眼部的肌肉组织保持一定的紧张度。软视觉包括放松眼部的肌肉组织和处理整个视觉系统感知到的数据。除了肌肉紧张度的不同，硬视觉和软视觉之间的区别还在于处理视觉感知数据的方式不同。

当你盯着一个点看时，你就会忽略对周围环境感知的数据，以及随着每个动作所出现的变化。通过使用软视觉来增强你处理周围环境的感知数据的能力是极宝贵的，它不仅帮助你了解可能失去平衡的情况，而且帮助你察觉身体任何一个未被注意到的移动。

陆地上的大多数动物都是使用软视觉来感知其他动物的移动的。当然，动物在感觉到危险时也会僵住不动，这样它就不会被其他动物注意到。

我发现，软视觉在户外散步或开车时非常有用。当然，我在需要的时候可以立即转回硬视觉。

● 实践 7-13

为了练习软视觉，你可以让眼球放松，好像它是漂浮在你的眼窝里一样，不要被任何具体物体所吸引。处理所有进入你眼睛并在视网膜上呈现出全景图的数据。你不会看到太多的细节，但即使是轻微的移动，相关数据也会被捕捉到并被处理。

● 实践 7-14

使用软视觉看图 7-10 中 8 个方块之间的白色背景组成的数字 8。

图 7-10　扑克牌方块 8

● 实践 7-15

站在房间里，远离墙壁或其他物体。抬起一条腿，在不失去平衡的情况下，向各个方向移动它。试着用两种方法来进行这个实践：①使用软视觉；②使用硬视觉（直视某个物体）。你会观察到，当你使用软视觉时，你的平衡会好得多。

　　结论：如果你在练习平衡或只是简单地做太极拳动作时使用软视觉，你会发现，你的平衡要比使用硬视觉时更好。

保存记忆（给你的潜意识编程）

你需要不断地利用有意识的思维才能获得上述实践的有益效果，不要担心，只要你练习得足够多，这些实践所包含的知识就会印在你的潜意识里，这些好处就会自动地显现出来。

其他因素

对自我的认知和对环境的感知

如前所述，保持平衡需要你感知和觉察自己的双脚。大多数人都没有感知过自己的双脚，因为脚通常被包裹在鞋子里，无法运动和直接感觉外界。在练习太极拳时，你必须敏锐地感知每只脚的位置、角度及其所承担的身体重量的分布。这种意识会自然地延续到日常生活中。通常情况下，你在跌倒之前会有一个失去平衡的阶段，有一只脚在跌倒之前就开始打滑或向外侧翻转。你对脚部发出的信号的意识越强，就能越早地采取措施来恢复平衡。

太极拳练习包括了将重心从一只脚转移到另一只脚，然后再转移回来的动作。每时每刻感知每只脚的位置、角度和所承担的重量，可以使练习者形成敏锐的意识，提高将重心从一只脚转移到另一只脚的能力。因此，当一只脚打滑或放置不当时，身体重心可以被迅速转移到另一只脚上，从而避免跌倒。

在太极拳套路练习中所锻炼出来的感知能力会帮助你感知周围环境中的物体，提高身体保护意识。我的一个学生已经 101 岁了，每天仍在坚持练习太极拳。不久前，他讲述了早些时候摔倒但没有造成任何明显伤害的经历。他说："虽然从失去身体平衡到摔倒在地之间只有几秒钟，但令人惊讶的是，我有足够多的时间来对这一切做出反应。当我向后倒下时，我感知到了自己头部的位置，并努力抬起它，避免它撞到地面。"

失去平衡的另一个因素就是失去了对身体在周围环境中的运动和定位的意识。在这方面，练习专注"当下"会很有价值的（参见第九章和第十四章）。

半规管

半规管与听觉器官相连（图 7-11），但它在处理声音时不起作用。半规管由前、后和外三个相互垂直的环状管（即前半规管、后半规管和外侧半规管）组成，连接内耳与前庭，大致按照冠状面、矢状面、水平面的朝向排列。当身体绕垂直轴旋转或向前、向侧面倾斜时，由于惯性，半规管中的内淋巴液的移动速度会慢于管壁的转动和倾斜速度，从而导致内淋巴液的旋转方向与身体的旋转方向相反。排列在管道内部的细毛就会因此而出现弯曲，感觉数据也会被发送到大脑，从而令人感知身体的转动。一般来说，身体的任何运动都可以被在三个方向排列的半规管所感知。

据我所知，针对提高半规管感知的特定训练，不是有意识去做就能有效的。

有些老年人会突然出现原因不明的头晕，头晕发作的时间长短不一，似乎是由其所处位置的变化引起的，这种疾病的医学名称是良性阵发性位置性眩晕（benign paroxysmal positional vertigo，BPPV），被认为是由半规管液体中的松散晶体引起的，即当人体没有运动时，晶体却使半规管得出身体在运动的错误感觉。这种疾病已有相应的治疗方法。

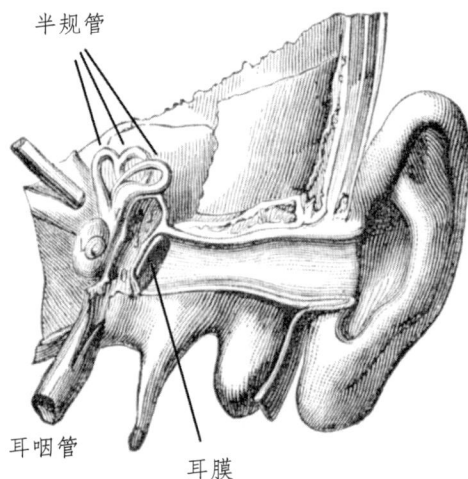

图 7-11 听觉器官与半规管

第八章 对根劲与千斤坠的分析

太极拳练习者除了通过单人套路、双人推手和自卫招式来展示自己的技能之外，还会表演根劲与千斤坠。表演时，太极拳练习者以70-30的姿势站立，要求一个或多个高大而强壮的对手尽可能地用力推自己的身体或伸出的手臂。无论对手是多么用力地推，太极拳练习者都不会因此而移动或失去平衡。

郑曼青以掤的姿势进行的千斤坠表演很有名。他让一个或多个搭档用力推他伸出的手臂（图8-1），他却纹丝不动。他不仅展示了根劲，而且展示了掤劲（"掤"是指向上、向外的运动或力量，"劲"是指灵活巧妙的力量。所以，掤劲是指向上向外发放的精巧力量）。

图8-1　几个人正用力推郑曼青伸出的手臂。郑大师以在这样的千斤坠表演中能够做到手臂不被推回和双脚不动而闻名。最前方推郑大师手肘的那个大个子是帕特里克·沃森（Patrick Watson，1935—1992）

一个矮小的、上了年纪的太极拳练习者，是如何能承受巨大冲击力且做到不移动分毫的呢？我觉得对根劲进行分析的最好工具是基础物理学。附录 1 回顾了相关矢量运算的基础知识，附录 2 提供了定量物理学的推导，请感兴趣的读者参考。

本章为那些希望跳过物理推导过程的人提供了直观的结论、简单的解释和可操作的实践练习。

保持身体稳定的最优条件

根据物理学原理（见附录 2），保持身体稳定需要满足以下几个条件。

（1）你的后腿必须尽可能地向后蹬，从而使地板和后腿之间的夹角角度变小（图 8-2）。

（2）身体姿势方面，必须保证搭档推你时，你与他的接触点位于你后腿所在的直线上（图 8-2）。

图 8-2　从郑大师后脚的中心到沃森推他的手的接触点之间的连线是沿着郑大师的后腿画出来的。郑大师的右臂将沃森的双臂向斜上方推，这导致沃森斜向下推郑大师的手臂。这样，沃森所施加的力的反作用力，有一个向上的分力推向他自己

（3）你的身体向前倾斜会增加搭档向后推你的难度，这是在利用你的体重来增加你的稳定性。但有趣的是，郑大师的身体并没有向前倾斜。

（4）搭档越用力推你，你后脚与地板的摩擦力就越大，你向后移动的可能性就越小。这种情况还有助于削弱搭档的根劲和地板为他提供的牵引力。

但如何调整搭档推你的方向，以使情况对你有利呢？

接下来你需要知道，搭档的推力会产生反作用力。根据牛顿第三运动定律，如果物体 A 对物体 B 施加一个力（作用力），那么 B 会对 A 施加一个大小相等、方向相反的力（反作用力）。因此，当搭档在某个方向上对你施加一个大小为 P 的力时，你会自动地在相反的方向上对他施加一个大小同为 P 的反作用力。如果搭档施加在你身上的力有一个向下的分力，那么你施加在他身上的反作用力就相应有一个向上的分力。

你的后脚到搭档推你的手的接触点之间的连线与地面的夹角越小，你的根劲就会越稳（身体不会失去平衡或移动）。同时，搭档会失去平衡并失去部分地板的牵引力。

那么，怎样才能让搭档在你后腿的延长线上推你呢？

答案就是，你对搭档施加一个向上的力，从而使他对你施加一个向下的反作用力。

注意图 8-2 中郑大师的手肘是如何抬起而导致沃森所施加的一部分力变成了向下推的。沃森所施加的向下、向前的力成为指向郑大师后腿的合力，这使得郑大师变得更稳固，不太可能被他推得向后滑动。但是郑大师却将沃森向上抬起，使沃森变得不那么稳定，并有可能向后倾斜和向后滑动。

● 实践 8-1

试着用以下方法来推动人字梯的顶部（或者想象着这样做）。如果你斜着向上推梯子，梯子的一侧会向上抬起，之后向后倾斜，可能向后滑动，甚至倒下。而如果你顺着梯子的另一侧腿的斜面向下推它，它就会变得很稳固，不会移动分毫。

内部的因素

在不失去根劲的情况下承受别人的推力需要一个畅通的、直接的内部路径让施加在你身上的力传导到地板上，因此，达到一种松的状态是必不可少的。搭档在你身上施力的接触点必须是完全放松的、如液体般柔和的。此外，你对搭档所施加的任何力量都必须来自扩张力，而不是肌肉收缩力。

● 实践 8-2

我从授业恩师哈维·索伯那里学到了下面的两人练习。20 世纪 70 年代初，敏排（Min Pai，1934—2004）也向我展示了一个类似的练习。那时我还是个初学者，无法理解它。

在这个实践中，你需要一个搭档，你们两人以 70-30 的姿势面对面站立，两个人都是右脚在前。然后两人都用右手轻轻地抵住对方的胸部，左手都轻轻地触碰着对方的右上臂。

如果其中一方是女性，一方是男性，女方可以将自己的左前臂放在胸前，男方的右手可以抵住她的前臂而不是胸部，这样仍然可以对她的身体施加力量，尽管是间接的。当然，她的左手就不会接触到男方的右上臂。因为在这个练习中，左手相对地不活跃，所以左手不进行接触也不是问题。

非常重要的是，这个练习要求你达到一种松的状态，你全身的力量和你的手向外推的力量都是扩张的。你要认识到你身体中的任何肌肉收缩的力量都将成为一个"把手"，你的搭档利用它就可以移动你的核心。同样，你也可以感受一下如何利用搭档身体上的收缩力。

当搭档用放在你胸部的右手来推你，试图使你向后移动时，你就把这个接触点作为支点。也就是说，你的身体只围着该点转动，并保持这个点相对静止。让身体沿着一条线形成一个杠杆，这条线从你的后腿开始，穿过身体，到推在你胸部的搭档的手这个接触点，再到你放在他胸前的右手。这个杠杆不会沿一条直线作用和受力，而是具有弹性且不易歪斜的。在运用这种杠杆时，支点远离输入端，靠近输出端，因此，这种杠杆会缩短运动距离，增加作用力（见第五章关于杠杆的讨论）。不要试图用右手的肌肉收缩力去推搭档。

当搭档对你的胸部施加推力时，你要降低自己的重心并扩张身体，从而使你的身体实现浑圆一体。这样，无论他施加多大的推力，你的身体都不会歪斜。

你用右手在搭档身上所施加的力量的大小和方向应该是这样的：你施加的这个力和他施加在你身上的力的反作用力的总和直接指向他的核心和他的弱点。这个弱点位于垂直于那条连接他双脚中心点的连线，并直接指向他的重心。

感觉一下（杠杆的）作用线，从你的后脚到你的髋关节、搭档推在你身上的手（支点），再到你用来推他的手（这条线不一定是直的）。然后将他对你施加的力和你对他施加的反作用力结合起来，将合力的方向指向你的后脚。当你觉得搭档开始向后退时，你就稍微伸展你的后腿，进而让他失去平衡，双脚的脚趾离地。

需要注意的是，你不要过多地使用手上的力量去破坏搭档的根劲，而是要用类似杠杆的作用来回应他的手对你所施加的力。如果这个实践你做得正确，搭档就会自己"断掉"他的根劲，他就会失去平衡。

当然，你还需要关注后腿的位置，对此本章前面已有讲述。

这个实践的精妙之处在于它为训练双方提供了作用线、放松和扩张力等方面的即时反馈。在与经验丰富的搭档进行练习时，你只要缺失其中的某一个元素，就会立即失去平衡。

第九章 自然运动

理解自然运动

"自然"代表什么

单词"自然的（natural）"源于"大自然（nature）"一词。在字典中，这两个词有多达十几个释义。你可以思考《韦氏新国际英语词典》（第 2 版）对"自然"一词的定义：

一种特定的存在秩序或所存在事物的特定顺序，常与艺术相对照，或成为艺术的主题。具体释义：处于自然状态的事物，不同于人为发展的、人为排序的、人为完善的或人造的状态，而是处于原始的、未被损害的状态。

在人类出现、改变或破坏大自然之前，大自然就已经存在了大约 40 亿年。但我们在这里并不讨论"世界上的一切都是自然存在的"这个观点，也不会说如大库利水坝（Grand Coulee Dam）就像河狸给自己垒的一个小水坝一样自然地存在着。"世界上的一切都是自然存在的"可能在其他情况下有讨论价值，但在这里不展开论述。

自然运动

自然界中的生命的运动都是高效的，否则这个生命将处于极大的劣势中。一个生命体做低效的运动需要的能量更多，而实现目标的能力则会降低，不仅浪费时间，还会被捕食者注意到。做低效运动的生命形式可能很难长时间存活与繁殖，最终会导致该物种的灭绝。

许多发达国家有着丰饶的物产和安全的环境，但是这些国家的人会浪费能源、进行不必要的消费，并且没有意识到周围环境存在的安全问题。这种无知和漠视将会给人们带来健康方面和其他方面的后果。

自然运动的要素

本体感觉

本体感觉是一种感知身体组织因运动或紧张而产生的刺激的能力。在太极拳中，有很大一部分招式可以训练本体感觉，使其变得非常敏锐。太极拳大师都知道许多初学者对自己的身体几乎没有本体感觉，甚至在移动某一个身体部位时会认为自己正在移动另一个完全不同的部位，或者说，他们移动了正确的部位，却不知道自己是如何做到的。除非太极拳初学者之前接受过舞蹈或其他运动的训练，否则他们的本体感觉可能从来没有被开发过，或者曾经被训练过但已经衰退了。所以学习太极拳对本体感觉的开发和训练有很大的好处。

身心合一

太极拳的一个基本原则是所有的动作都必须做到身心合一，而这需要你能够感觉到身体的所有相关部位，并使它们作为一个整体来完成动作。如果你不知道身体的每个部位在多大程度上参与了某一个动作，它现在是处于静止的状态还是移动的状态，你就很难做到身心合一。

独立的动作

练习独立的动作（某个身体部位独立完成的动作）可以帮助你更多地意识到是身体的哪个部位参与了这个特定的动作，以及它是否应该参与其中。如果你不能让身体的某个部位独立地按照生理功能运动，并且不知道身体的哪个部位会完成哪个动作，那么你怎么能知道自己是在以一种身心合一的方式完成动作呢？例如，大多数人被要求活动脊柱的某一特定区域时无法做到只使用该区域周围的肌肉，而是需要活动骨盆或肋骨的区域才能完成。

通过练习独立的动作，我们可以对僵硬的、使用不当的肌肉保持很高的敏感度，从而掌握直接缓解这种不必要的、有害的肌肉紧张的方法。

你有意识地、独立地移动身体的某个特定部位的能力越大，就越能成功地把气送到那个部位来治疗损伤。

因此，练习独立的动作可以培养本体感觉，最终获得达到身心合一状态的能力。

● 实践 9-1

保持太极拳浑元桩的姿势（图 4-3）。在不移动手臂的情况下，将躯干作为一个单独的部位交替地进行逆时针和顺时针转动。肩部和胸部放松。手要尽量依靠惯性保持静止，而不是用你的眼睛和分析性思维对手做出调整。颈部放松，让你的头部依靠惯性来保持不动，仿佛它是飘浮在那里，不会随着身体转动一样。

如果你在做这个实践时有困难，就想想你在给草坪浇水时，你的邻居叫你，你会怎么做。你会手握水管转向她用水喷她吗？还是让水管保持在原来的方向上？

● 实践 9-2

保持浑元桩的姿势（图 4-3）。与实践 9-1 一样，将躯干交替地进行逆时针和顺时针转动。但这一次，你要缓慢而均匀地分开双手，再把它们合在一起。在双手分开和合上的过程中，你要同时使躯干逆时针和顺时针交替地转动几次。

研究自然运动的原因

哲学

太极拳的一个基本哲学原则是"道法自然"。道家有一句格言："空杯子装得最多。"① 也就是说，我们必须先去掉自己的先入之见和习惯模式，才能发现自然的本质，即我们内在的"包袱"阻碍了我们觉悟。

尽可能多地释放（排空）习惯性的身体紧张是自然运动的前提。身体紧张与我们的运动方式密切相关。这些方式可能是模仿不合适的对象，或在早期被衣服和鞋子所束缚而形成的，此外还涉及过去身体和情感创伤的潜意识记忆。我们非常依恋这种运动方式，并发现很难改变我们习惯的活动方式，更不用说改变其他方面了。"江山易改，本性难移。"

——梁栋材（1900—2002）②

在认识并释放身体的紧张状态时，我们也正在培养一种潜在的、能够消除我们思维中相应障碍的能力。

---

① 老子《道德经》第十一章："三十辐共一毂，当其无，有车之用。埏埴以为器，当其无，有器之用。凿户牖以为室，当其无，有室之用。故有之以为利，无之以为用。"——译者注
② 梁栋材为郑曼青在中国台湾的第一代弟子。——译者注

太极拳的另一个基本哲学原则是"无为"，即以最小的努力和最少的动作来完成一个期望的目的。其自然性类似于"非故意为之"。因为在自然界，多余（的动作）即浪费，会危及生存。

为了认识和实现无为，首先需要释放不必要的紧张。当然，不费力就能得到才是最好的（无为的原则）。

改善呼吸

许多人都无法做到自然呼吸。这样一个与生俱来的重要过程被破坏可能是受到衣服的束缚，也可能是吸烟或吸食其他有毒物质的影响，还有可能受出生时的分娩方式的影响。产房的医护人员在婴儿出生后就会切断脐带，迫使婴儿自主呼吸，否则婴儿就会窒息。弗雷德里克·勒博耶（Frederick LeBoyer），他是一名妇产科医生，曾为数千名婴儿接生，而且没有让他们遭受这种不必要的创伤，专门针对这个问题进行了研究。这个话题我在《太极》（*The Tai Chi Book*）一书中讨论过。

强调培养肌肉收缩力的练习往往会束缚身体、限制呼吸。相比之下，在太极拳和健身气功的动作中，肌肉收缩的使用被最小化，这会使呼吸变得更加自然。肌肉收缩性运动虽然也是有益的，但往往会令人习惯于一种无益的呼吸方式。练习太极拳和做其他的自然运动，如跑步或游泳，则可以改善无益的呼吸方式。

本章后面将探讨呼吸与太极拳动作相配合的合理性问题。

减少冻结的紧张

"冻结的紧张"（frozen tension）是伊莱恩·萨默斯经常使用的一个术语，它指的是在没有意识的情况下，肌肉长时间保持不必要的紧张。这种状态会使身体无法自然地运动，需要额外的能量推动才能活动。它也限制了内脏器官的必要运动，并切断了血液、淋巴和气的循环。

持续保持冻结的紧张状态，就像是开车时一只脚踩在油门上，另一只脚踩在刹车上。这种紧张状态很难被注意到，因为我们感觉这种状态很自然。这种习惯性紧张可能来自许多方面，其中之一是我们所谓的情感盔甲。不必要的紧张情绪会使我们感到自己很脆弱。

如果任其发展，最终，冻结的紧张状态会成为我们身体的常态。在学会消除不必要的紧张之前，我们在练习太极拳时，就有可能在相当长的一段时间内处于这种状态。学会缓解冻结的紧张状态，学会自然地运动，具有重要的治疗价值。最后，能够做到自然地、健康地、有效地运动，本身就令人感到愉快。

减少交感神经紧张

当我们做一个需要力量的动作时，往往会同时绷紧其他并不适合完成这个动作的肌肉。这种不恰当的交感神经紧张是造成肌肉损伤的一个常见原因。例如，在做仰卧起坐时，有些人不顾一切地绷紧背部肌肉，从而使脊柱拱起，导致背部发生慢性疼痛。做这类动作最好是伸展脊柱下部，伸展腰背部。

预防损伤

在做剧烈运动时（如举起重物），我们倾向于使用生理上并不适合做这个动作而且相对较弱的肌肉，而不是使用最适合这个动作的肌肉。这样做会导致那些较弱的肌肉受到损伤。

我们在进行日常运动时还有一种倾向就是会下意识地避免使用身体的某些部位，特别是以前受过创伤的部位，因为我们希望避免可能出现的痛苦，所以身体的某些部位就会与我们的意识相隔绝。随后，受伤部位的肌肉开始萎缩，导致其恢复缓慢，甚至进一步受伤。在这方面，学习自然运动和练习独立的动作是非常重要的。

康复

使被过度使用或受伤的身体部位康复的最有效方法之一就是让受伤部位的肌肉做放松的小动作。需要注意的是，这种运动要在无痛的情况下进行，一旦出现轻微的不适，应立即暂停。然后再重新做该动作，并以不会产生不适的方式进行。要想使用我从伊莱恩·萨默斯那里学到的强大的治疗方法，首先要做到能随意地单独活动身体的每个部位。

发展扩张力

在最初学习用扩张力来代替收缩力时，能够使用的扩张力很小，借此完成的动作也很少。而且这两种力之间的区别也很难被识别。由于缺乏运动所需的扩张力，我们会习惯性地使用收缩力。这种习惯能够自我掩盖，使我们对它的识别变得更困难。

关于达到最深度放松状态的重要性，我们也可以做出类似的陈述，即当收缩力被充分地放松时，我们几乎是被迫使用扩张力。

适当的自然运动能让我们较少地使用力量，从而减少对收缩力的使用，同时促进对扩张力的认识和使用。因此，重要的是要学会利用手臂、躯干和腿在身体转动时自然运动的时机，以尽量降低对任何形式的力的需求。本章将提供与该思路有关的实践。

武术

作为一种武术，太极拳的发明并非基于速度和力量。因为多余的动作是不自然的，它会提醒对手并向其"传达"你的意图。因此，自然动作是一种不太可能被对手"阅读"和利用的方式，可以使你在面对更强壮、更快速的对手时获得某种优势。此外，使用尽可能小的动作可以使你有效地移动。

对自然运动的理解能让我们产生敏锐的感觉，捕捉到将机械能发放到推手伙伴身上的时机（这是能在最佳时机进行防守的先决条件），或者是在自卫时利用这个时机发动攻击。

如果你所学习的太极拳能减少来自训练有素的恶意攻击者的伤害，那么你就更不容易被那些无生命的东西所伤害，如摔在地板、楼梯上，或在切菜时被刀所伤等。这些东西不会主动伤害你，但它们的确可以伤到你。

实现自然运动

要在以下几个方面获得提高，需要花一生的时间去努力。你可以将你练习太极拳的过程拍摄下来，通过视频观看你的动作，并根据太极拳的基本原则来检查纠正它们，这样做对你的太极拳水平的提高会有很大帮助。

动作的连贯性

保持动作的连贯性是太极拳的一个基本原则。然而，我经常看到一些太极拳练习者在做某些动作时，手臂和腿在某些时候很僵硬；在做脚下迈步的动作时，手的自然运动会停滞。一些教练会教初学者在什么时候把手固定在什么位置才算符合标准。例如，在向左掤时，手要停下来；在向后捋时，左手手掌要在右肘下方停住。停顿一个动作需要力量，重新开始也需要力量。因此，这种连贯性的丧失与无为的原则是不符的。

专注当下

太极拳的一个基本原则就是专注当下。一旦你去注重未来，就会忽视现在，那么"现在"就会不可挽回地流逝。之后你就又不得不去注重过去，以便努力追赶跟上。

"在完成一个动作的过程中去思考手在下一步应该在什么地方"

就是一个不专注当下的例子。这样会导致这只手过早地到达预期的位置，而不是让这个动作自然地发展。同时，这也会导致动作缺乏连贯性。

有两种情形最容易出现不专注当下的问题：一个是向左掤，双手要达到抱球的位置时；另一个是在做单鞭的动作中，左手伸到左肩前面的最终位置时。

适当的时机

如果你没有认识到在手臂摆动时转动身体的最佳时机，就不能最大限度地将身体的动作转移到手臂上，这意味着该动作的完成需要额外的能量（往往是来自肌肉的收缩力），违背了无为的原则。

自然的步法

相对于身体的动作而言，迈步的时机至关重要，这将在下一章中讲述。如果你认识不到最佳的时机，就必须用肌肉动作来弥补这种不自然。这样一来，迈步时就需要消耗更多的能量，这同样违背了无为的原则。

腕部旋转的均匀性

在太极拳的每个动作中，手腕都会来回旋转。这些旋转在养生和技击两个方面都很有意义。在养生方面，这些旋转会拉紧和松开经络，有助于气的增加。在技击方面，旋转带来了额外的动作，即手腕接触到对手的肢体后旋转并牵引对手，使对手失去平衡，达到引进落空的目的。

无论是在养生方面还是在技击方面，当手腕的旋转是通过收缩力来完成时，健身和自卫等元素就会丢失；而采用扩张力旋转手腕时，这些元素就在其中。

摒弃不自然的动作

与其刻意、做作地完成动作，不如最大限度地去利用自然因素。这些因素包括重力、动量，身体组织被拉伸或压缩时的弹性（内部弹簧），圆周运动的离心效应，以及躯干相对于手臂和腿部运动时的转动时机等。这些因素将在本章和以后的各章中讨论。

研究自然运动的工具

被动运动和主动运动

被动运动的定义。被动运动是指通过神经刺激肌纤维或正常完成动作的其他身体组织以外的方式激活的运动。

被动运动的激活物。被动运动的激活物来自身体不同部位的组织（被压缩或被拉伸组织）的恢复力、重力、线性动量、角动量、离心效应或外力（如另一个人的力）的作用。

注意：根据具体情况，如果使用得当，被动运动和主动运动都是一样可取的。

被动运动的例子。通常情况下，抬起和放下你的手臂会涉及肩部、胸部、背部等部位肌肉的收缩。如果在你的肩部、胸部和背部肌肉处于放松状态时，另一个人抬起和放下你的手臂，这些肌肉就会延长或缩短，但这不是通过你自己的神经系统激活的，而是被动的，是抬起你手臂的人的肌肉作用的结果。

另一个被动运动的例子是实践 7-1 中的站立体前屈的练习。其中，抬起身体是通过小腹部的扩张而不是背部肌肉的收缩来完成的。

物理学是研究自然运动的工具

物理学已经广泛地分析了物理系统的自然运动，并研究了在何种条件下能通过最小的外部力量来完成这种运动。当然，在不借助物理学的情况下，学会如何将效率最大化也是可能的，但物理学是进行这种分析和帮助我们迅速认识基本要素的合适工具。因此，下面的分析将会用到基础物理学。

注意： 由于部分读者并不精通物理学，所以研究结果将尽量用简单的语言进行总结，并提供相关实践，以方便你认识太极拳运动的一些重要方面。你只需要理解图示和解释，并进行实践即可。然后，你应该把自己的领悟引入太极拳练习中，并尝试进行实践。

首先，我将介绍一些基本的物理概念；其次，我将对无生命物体的被动运动进行分析；再次，我将讨论四肢的被动运动；最后，我将分析自我激活的身体运动，以揭示在用一定力的情况下能使运动效率最大化的时机。

一些基本的物理学概念

应力

应力是由于压力或反作用力作用在物体上，并使其变形时物体内部产生的相互作用的内力。在物理学中，许多不同类型的应力以定性和定量的方式进行分析。应力可分为正应力和剪应力，拉应力和压应力。

应变

应变是物体对压力的反应，以其变形量来表示。

张力

在讨论肌肉张力时，理解张力的科学含义是很重要的，因为普通的含义会让人误解。在物理学中，"张力"一词是指物体两端受到外力作用时产生的一种状态。钢琴琴弦就是一个很好的例子。琴弦的一端缠绕在钢琴框架内的弦轴钉上，另一端缠绕在调音钉上。这个调音钉嵌在一块紧紧地固定在钢琴框架上的木块上。当调音钉朝一个方向旋转时，琴弦的张力就会增加。张力的大小等于琴弦两端所受的外力。

张力的概念可以扩展到肌肉，但我们需要注意的是，肌肉是生命体的一部分，有自主产生力量的能力。当肌纤维收缩产生肌肉活动时，它可以对外部物体施加力量。我们仍然可以将之与钢琴琴弦进行类比，因为一块肌肉一端的肌腱会与一块骨骼相连，而另一端的肌腱会与另一块骨骼相连（图 9-1）。

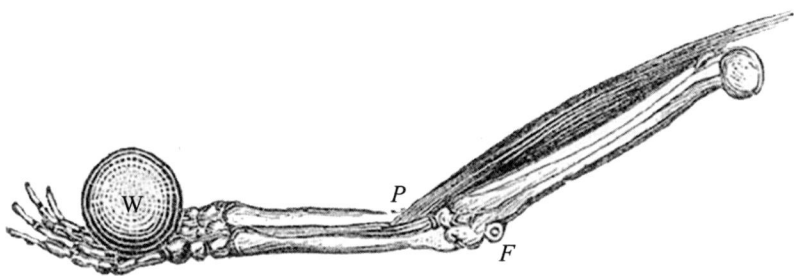

图 9-1 肱二头肌肌腱附着在桡骨上的 P 点上

根据牛顿第三运动定律（如果物体 A 对物体 B 施加力，那么 B 会对 A 施加一个大小相等、方向相反的力），在钢琴琴弦的例子中，张力的大小也是琴弦对固定它的弦轴钉和调音钉施加的力的大小。

牛顿第三运动定律既适用于无生命的物体，也适用于有生命的物体。因此，如果肌肉对肌腱施加一个力，肌腱就会对肌肉施加一个大小相等、方向相反的力。同样的道理，肌腱对骨骼的作用力与骨骼对肌腱的作用力相等。因此，当肌肉收缩并向外部物体施加力时，它就处于张力状态。

感应张力

我们感应张力与用电流表测量电流（单位时间内通过电荷的量，以安培为单位，1 安培 =1 安 =1 A）有相同之处。电流表有不同的量程，有 0~5 A，也有 0~0.5 A，以此类推。如果要测量小电流，就要使用小量程的电流表。0~5 A 量程的电流表上，2.5 A 的电流将使指针从 0 偏转到满刻度的一半，而 0.01 A 在 0~5 A 量程的电流表上就完全无法显示（图 9-2），在 0~0.5 A 量程的电流表上也几乎没有显示，但是在一个量程为 0~0.05 A 的电流表上，指针就会移动到整个刻度的 1/5 处（图 9-3）。

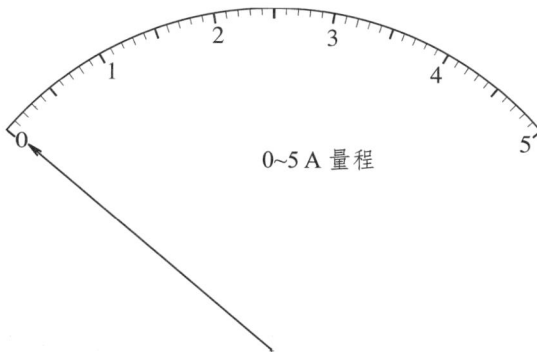

图 9-2 在 0~5 A 量程的电流表上，指针显示 0.01 A 的电流

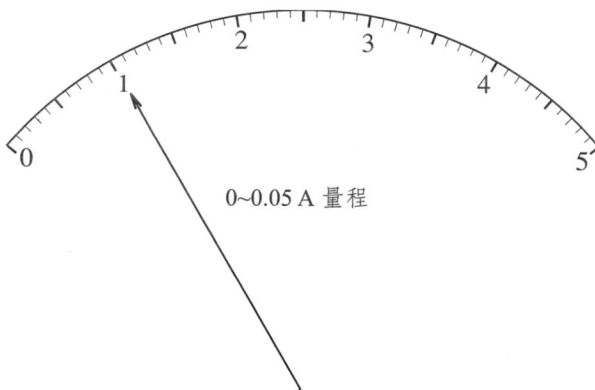

图 9-3 在 0~0.05 A 量程的电流表上，指针显示 0.01 A 的电流

作为人类，我们感官的能力范围类似于电流表的量程。如果我们自己的张力给神经系统带来了巨大的刺激（类似于电流表量程太大），那么我们对所运用的力量和试图完成的动作就不那么敏感了，从而无法通过自然的方式完成动作。所以，如果我们不能充分地放松张力，就会阻碍太极拳水平的提高。

弹性

弹性是物体发生形变（压缩、拉伸或扭曲）后，能恢复到原来大小和形状的性质。物体对扭曲它的媒介所施加的力叫作弹力（恢复力）。具有弹性的物质有橡胶、钢、玻璃、塑料等。当然，身体组织也有弹性，我们的目标就是在太极拳动作中识别和利用这一特征。

胡克定律

胡克定律适用于弹性物质被改变平衡状态（平衡意味着所有的力都是相等的）。胡克定律指出，恢复力 F 与平衡状态下的形变量 x 成正比且方向相反。

$$F=-kx$$

比例常数 k 前面的负号表示弹力 F 与其伸长（或压缩）方向相反。k 越大，物体恢复原来的形状时所施加的弹力就越大。因此，k 被称为劲度（倔强）系数。

要理解胡克定律，你可以想象一个悬挂在天花板上的螺旋弹簧（图9-4）。如果在弹簧底部增加一个重量 w，弹簧将拉伸一定的长度 x；如果将重量增加到 $2w$，那么弹簧被拉伸的长度就是 $2x$；如果将重量增加到 $3w$，那么弹簧被拉伸的长度就是 $3x$。也就是说，弹簧被拉伸的长度与拉伸力量的大小成正比。或者说，弹簧的弹力（恢复力）与它被拉伸的程度成正比。

当然，在试图拉伸弹簧时，可以增加的重量是有限的，如果增加比弹簧承受极限更大的重量，弹簧就会断裂。

如果将胡克定律应用于身体组织，首先要考虑身体组织主动拉长或被动拉长的情况。随着身体组织被拉长，它们的自然弹性产生的张力与偏离平衡状态的程度成正比。

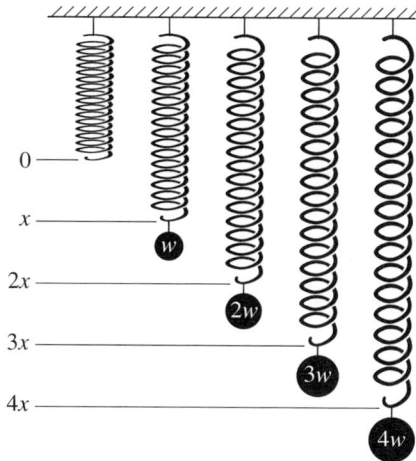

图 9-4 弹簧被拉伸的长度与所悬挂的重量成正比

身体组织的弹性

根据胡克定律，当身体的任何部位（手臂、腿部、躯干等）被拉长或弯曲、偏离平衡状态时，被拉伸的组织（肌肉、筋膜、皮肤、血管、神经、肌腱等）的自然弹性会产生越来越大的恢复性张力。在身体组织被拉长到一定程度时，其弹性恢复力就将变得很显著。做伸展动作要比做收缩动作更能感觉到这种效果。

压缩应力

我们已经讨论了像弹簧这样的物体在被拉长过程中出现的弹性和应力。然而，还有另一种应力叫作压缩应力，它不仅发生在无生命的弹簧中，也发生在活体组织中，如髋关节、肩关节和膝关节周围的组织。因此，被压缩的身体组织具有类似弹簧的效果。这种效果将在本章后面结合单鞭等太极拳招式进行讨论。

考虑一下，当你的身体处于浑圆一体的扩张状态时，如果你的对手对你施加一个巨大的力，你将会如何。如果扩张状态是体内水的形变后的结果，那么对手施加一个力的作用就等于是对这个水进行加压。水有一种压缩特性，类似于有一个非常大的劲度系数 k。也就是说，较大的压力只能使体积减小很少。身体组织中受压的水在通电成为凝胶状态后就可以保护身体免受攻击。这个认识与高水平的太极拳大师和气功大师能够轻松地承受强大的打击的例子是一致的。

摇摆（Swinging）是练太极拳的一个要素，摇摆练习包括用手臂和手反复拍打身体。众所周知，拍打身体会产生自动的、局部的生物电反应。这种生物电可以激活身体组织中的水，从而使其发挥保护作用。通过反复训练，针对袭来的力量，身体几乎会立即产生保护性反应。

练习扩张会使身体处于一种扩张性的神经纤维活动状态，即使在睡觉时也仍然能保持这种状态。重复的拍击会强化这种状态，所以当身体被击中时（即使是轻微的），会瞬间做出扩张的反应。

高水平的太极拳大师能在使用很少或没有明显的向外发力动作的情况下将对手"弹出去"，这可能也与身体内的水的高压缩性有关。

有生命和无生命的自然运动

单鞭中自然出现的弹力

单鞭在郑子太极拳的简易套路中出现了 6 次，在杨式长拳套路中出现了 11 次。这个招式中的元素很重要。其他类似于单鞭的招式是玉女穿梭。在这些招式中，髋关节（胯）的开合超过了大多数其他动作。

单鞭的开始，如"按"的动作（70-30 站姿）的开始，重心后移，完全落在后腿（左）上，后脚已向左旋转 45°。然后身体向左转 90°（后脚现在相对于身体是向内转 45°），从而压缩了左髋关节的组织，并拉伸了背部的肌肉组织。释放这些储存的弹簧能量会使身体打开并转向右脚，此时右脚已左转 45°。之后，右髋关节的组织随着身体向右转动而被压缩。释放这些储存的弹簧能量会使身体再次打开，并到达它的最终位置。

利用身体的转动，通过释放身体组织的压缩和拉伸的弹力实现了完成动作"完全不需要力量"。其结果是，身体的移动、转动和行走是连贯而自然的。如果不利用弹力完成动作，就必须用力转动身体，这样做是很笨拙的，会对平衡和动作的连续性产生负面影响。

八卦掌是内家拳，它的练习包括走圈，身体进行圆周运动。它的动作经常利用弹力，类似于我们所描述的单鞭中的弹力。八卦掌的动作以扣步（转身时脚在落地时内旋）和摆步（使用胯部的弹力转身和迈步）开始。

🌑 实践 9-3

双脚平行站立，保持舒适的距离。一只手臂向前伸展至与胸部齐平，尽可能地放松。感受你的手腕和前臂在不做任何旋转时的中立角度，然后向一个方向缓慢旋转手腕和前臂（如顺时针方向），感觉阻力会与旋转的程度成比例。然后慢慢地让手腕和前臂回到中立角度。再朝另一个方向重复此动作。

🌑 实践 9-4

以浑元桩的姿势站立（图 4-3），双臂尽量放松。然后慢慢地把双臂向两侧打开，感受一下上臂、肩膀和胸部，并注意即使手臂没有绷紧，身体这些部位的弹力是如何在阻力中增加的。

注意： 在做上述实践时，你必须认识到曾帆祥所说的"力量极限"。即在某一点上，扩张力将不足以克服位移引起的身体组织的恢复力（弹力），之后，人们就会倾向于使用肌肉收缩力来越过这个极限。

扭转身体

扭转意味着身体的一部分（如胸部）的转动方向与另一部分（如骨盆）不同。在太极拳动作中，躯干不会主动扭转。如果发生扭转，身体就不稳固或者无法做到浑圆一体，那么这时使出的力量就要比身体作为一个整体扭转时小得多。

主动扭转与被动扭转

主动扭转是指上半身（手臂、肩膀、胸部）通过主动意识和肌肉收缩的方式转动，且转动幅度超过下半身（腿和骨盆）转动的幅度，从而导致脊柱和躯干扭转。主动扭转是一种错误动作，它与身体每个部位都扩张后所产生的浑圆一体的整体动作不一致，是整体动作中的薄弱环节。

要理解被动扭转，重要的是认识到没有什么材质是完全刚性的，就连钢铁也不是。我在建造车库时，来了一辆卡车，车上有一根工字梁。我一眼就看出这根工字梁的两端比中间要低。我对卡车司机说："这根工字梁不是直的！"他回答说："现在不是直的，但是工字梁上面的一层加上去以后就会直了。"在工字梁上面的一层加上去后，我沿着横梁一看，果真，它已经是笔直的了。

当然，即使达到浑圆一体的状态，身体也不是完全僵硬的，躯干仍可以轻微扭转。例如，当身体向右转时，腿和臀部停止转动后，上半身仍会在剩余的旋转动能作用下继续转动。这种自然的扭转不是主动的，而是被动发生的，因为身体不是刚性的。

将和按两个动作可以用来说明主动扭转和被动扭转之间的区别。骨盆达到扭转的极限时可能会出现主动扭转，肩部通过肌肉收缩继续转动，从而使脊柱和躯干发生扭转。骨盆达到扭转极限时也可能会发生被动扭转，旋转动能导致上半身继续转动，直到身体组织产生的恢复力使转动停止。

凝聚和扩张

曾帆祥经常强调凝聚（condensing）和扩张（expanding）的概念。中文是曾帆祥的母语，所以他在使用英语单词时会深思熟虑，用词非常谨慎，力求精确。他在《意力拳》一书中对意力拳的体系进行了论述，比如"意识"和"防身自卫"翻译成英语就是"mind"和"body self-defense"。

关于凝聚的意思，曾帆祥解释说，每个动作的阳的部分都涉及源于脚心的力量的扩张，而每个动作的阴的部分则涉及扩张的可控释放。也就是说，凝聚是指减少但不失去扩张。这种释放可使身体组织的自然弹性产生一种被动地内收的动作。

在物理和化学中，"凝聚"一词适用于分子运动减少的系统。对于封闭空间的气体，这种凝聚态会导致分子撞击容器壁的力量变小、频率降低。引起凝聚的每一个因素都会导致包裹着气体的容器壁上的压力下降。因此，用"凝聚"这个词来描述身体扩张的减少是恰当的。

一旦熟练掌握了扩张，你就可以开始练习凝聚了。每个动作向内和向下（阴）的部分通过凝聚来促进，向上和向外（阳）的部分通过扩张来促进。因此，在做太极拳动作时，凝聚和扩张会交替进行。

例如，从预备势的动作到揽雀尾左掤的动作就有可能发生凝聚和扩张。在预备势的最后部分，肘部稍微向前旋转，掌心朝向后方，手在大腿的外侧并稍微向前（图9-5a）。当你将重心100%转向左脚并向右转身时，你的右臂开始抬起并伸展，左臂随身体一起移动（图 9-5b）。当你将重心移到右脚，右手在上，做抱球的动作时，右臂的扩张幅度会减小，左臂的扩张幅度会增大（图 9-5c）。当你的重心在右脚，左脚迈步时，大腿内侧也应同时扩张，并促进髋关节打开（图 9-5d）。与此同时，你的左臂已经通过扩张的方式开始抬起，并在你迈步、略微转身、开始移动重心时稳步地继续向上和向外做弧形运动（图 9-5e）。最后，将 70% 的重心移至左腿，继续转身完成这个动作（图 9-5f）。到现在，你的左臂已经向上和向外伸展，你的右臂已经下降到与预备势相同的位置。

图 9-5　作者演示从太极拳的预备势到揽雀尾左掤的动作

凝聚与收缩的对比

收缩和扩张的说法有时被用来描述整个身体中阴阳的交替，但实际上，收缩和扩张都是属于阳的。因为收缩是通过肌肉的张力主动向内拉。相比之下，凝聚则意味着向外的压力减少，而不是像收缩那样向内拉动，因此，凝聚是属于阴的。

接收来劲的凝聚和扩张

郑曼青大师曾讲述了如何"引进"对手的强大力量，然后再将它释放出去，他称之为"接收来劲"。他说，能接收来劲是太极拳的最高水平，不同于使用以力对力。我的教练哈维·索伯谈到了一个类似的概念，即吸收对手的来劲，然后"吐"回去。

为了使接收来劲能够发挥作用，我们需要对身体的凝聚和扩张的时机和力量把握得绝对完美。在一次课上，郑大师让一个学生用全力多次击打他的腹部。那位学生站在离郑大师不远的地方，然后迅速地上前出拳，以便把身体的力量全部加入攻击之中。我仔细观察了郑大师，看到他的腹部在那位学生的拳头落下之前微微后缩，然后在对方拳头击中的瞬间明显扩张。每次拳头击中他时都会发出很大的声音，但郑大师没有因此而受到伤害。

内在洗涤

哈维·索伯曾讲授过"内在洗涤"的概念。太极拳和健身气功的动作有一种自然的、波浪式的起伏。由于身体外部的动作涉及后退和前进、下降和上升，以及合拢和打开，因此，身体内部也会有相应的变化。这些变化起到了活动器官、腺体和其他内脏组织的作用。这有利于刺激气的流动，细胞对氧气和营养物质的吸收，以及代谢废物的排除，还有助于细胞内物质的重新分配。

这些过程类似于用洗衣机洗衣服。搅动和漂洗使表面的洗衣粉进入衣服布料的内部，之后将污垢清除。有了这种认识后，你再去做太极拳和健身气功的动作时就能得到更好的效果。此外，在每个动作的适当部分进行凝聚和扩张，可以进一步加强对细胞的"内在洗涤"。

挤和按这两个动作在练习内在洗涤时特别有用，因为它们只有原地动作和转身，而不涉及步法。

脑脊液的流动

脑脊液的流动是在18世纪中期被发现的一种现象，并被现代医学所认识和研究。某些按摩方式就包括了使脊髓液向上扩张到大脑然后向下释放的过程。脑脊液的流动循环大约每6秒重复一次。你安静地坐着或站着时可以很容易地感觉到脑脊液的流动，具体感觉是，开始时感到头部膨胀，之后会有所舒缓。

我在做太极拳动作的时候喜欢自动地将一些向前和向后的动作与脑脊液的流动同步。如在做右掤、挤、如封似闭等动作时，只需来回地移动身体而不涉及任何步法，所以这些动作有助于培养动作与脑脊液流动的同步性。前进的动作对应于脑脊液的扩张，后退的动作对应于脑脊液的凝聚。

论呼吸与太极拳动作的匹配

一些太极拳教练强调在动作结束时要吸气，一些教练则强调要呼气，一些教练强调要自然呼吸，还有一些教练（尤其是那些有武术格斗背景的教练）强调要进行逆式呼吸。

郑大师并没有给我们提供任何关于如何呼吸或何时呼吸的规则，他仅在教起势时提过，他说："当手臂抬起时，你要吸气；当手臂下降时，你要呼气；剩下的事情它自己就解决了。"

当我还是一个太极拳初学者时，一个对武术有所研究的人问我："教没教你呼吸？"当我说"没有"的时候，他的回答是："你没有得到真传。"

我的所有教练都强调并教授了呼吸的方法。一位教练教我在动作结束时吸气，然后我就照此练习。后来的教练又教我在动作结束时呼气，我又照着这个方式练习。最终，我又学习了逆式呼吸的生理学原理。之后，我练习太极拳多年，一直都是在每个动作结束时呼气。

我不再刻意将呼吸与动作进行匹配，但这并不意味着我没有特定的呼吸方式。我在做动作时倾向于做一种温和的逆式呼吸，但不刻意追求什么时候吸气或呼气。相反，我让呼吸服从于当下的需要，以下是我的理由。

当手臂抬起并向外打开时，我很自然地吸气；当它们下降并向内合拢时，我很自然地呼气。因为当手臂抬起并打开时，肋骨和下腹部就会扩张，从而引入空气；当手臂下降和合拢时，肋骨和下腹部自然地向内收缩，这与呼气相一致。

在太极拳简易套路中，尤其是长式中，一些招式最后的姿势都是非常开放的，当然也有一些是较闭合的。例如白鹤亮翅、单鞭、斜飞势、野马分鬃和闪通背等，都是以非常开放的姿势结束的，与吸气一致；而肘底捶、海底针和上步七星等招式，都是以闭合姿势结束，与呼气一致。所以，一个动作结束时必须吸气或必须呼气的一刀切的规则会导致生理上的矛盾。

呼吸是身体最重要的功能之一。我们可以几个星期不吃东西，也可以几天不喝水，但无法做到在数分钟内不呼吸。

人类从较简单的生命形式已经进化了大约40亿年。经过这么长时间的进化，我们的身体似乎已经能够很好地知道什么时候应该吸气或呼气。所以我练习太极拳时即使是在做逆式呼吸，也会让身体自然地来决定是吸气、呼气，还是自然地暂停呼吸。

经常性地刻意在动作结束时吸气或呼气会压制自然呼吸，这对身体有害无益，应该纠正。让呼吸顺其自然，就是吸气、呼气和呼吸的深度都让它自然发生，没有任何先入为主的想法或人为干预。

杨式太极拳和郑子太极拳的冥想动作中都没有呼吸的配合，而有些将冥想动作和爆发动作交织在一起的门派会要求配合呼吸，如陈式太极拳。此外，做呼吸练习和尝试各种呼吸方式都很有价值。

理解四肢的自然摆动

接下来，我们将探讨手臂和腿部的各种被动的运动方式。为了理解由骨骼和软组织组成的肢体自由运动，我们将首先分析一项类似摆动的无生命系统，即简单的钟摆运动，然后分析一种无摩擦旋转杆的不同摆动方式，有自由摆动，还有由枢轴的各种运动产生的摆动。这些研究结果将有助于我们理解手臂和腿部各种被动的运动方式。

简单的钟摆运动（方式1）

简单的钟摆可以很容易地用一段绳子来制作。绳子的一端绕在一个固定的支点上，另一端连接一个重物（称为摆锤）（图 9-6a）。将摆锤移到一边，使绳子与垂直方向成一个角度 θ，然后释放摆锤，摆锤就会来回摆动（图 9-6b 和图 9-6c），摆锤每秒完全摆动的次数称为频率 f。

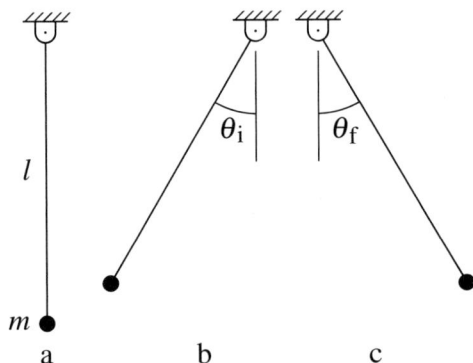

图 9-6　a. 一种普通的钟摆，由一个摆锤与长度为 l 的绳子组成；绳子悬挂在一个枢轴上，摆锤处于静止状态。b. 摆锤被移动，使绳子与垂直方向产生初始角度 θ_i，然后释放。c. 摆锤摆动到另一边的最高位置，与垂直方向形成最终的角度 θ_f。之后摆锤会继续来回摆动，由于空气阻力等因素，其摆动幅度会不断减小

事实证明，摆动频率并不取决于摆锤的质量，而只取决于绳子的长度，即绳子越长，摆动频率就越低。

如果没有阻力，重力将是唯一做功的力，机械能将能够守恒，θ_f 将等于 θ_i。但是空气阻力和枢轴摩擦力的耗散效应会导致摆锤的摆动幅度不断减小，摆锤最终会停下来。

注意： 我们将在下面的例子中探讨手臂和腿的自然摆动。因为基础物理是进行这种探索比较合适的工具，所以附录 3 中包括了通过枢轴杆模拟四肢的推导，以供那些对物理学感兴趣的读者参考。我们将在本章为那些希望跳过物理学分析的读者直接提供结论、直观的解释和实践练习。

无摩擦旋转杆的摆动（方式 2）

接下来我们观察悬挂的无摩擦旋转杆的摆动。首先，移动杆，使其与垂直方向的夹角为 θ_i（图 9-7a），然后释放杆。杆的摆动类似于悬挂在肩膀上的放松的手臂的摆动。与简单的钟摆一样，杆在另一侧摆动到最高位置，与垂直方向形成角度 θ_f（图 9-7b），之后会继续来回摆动，由于空气阻力等因素，摆动幅度会逐渐减小。

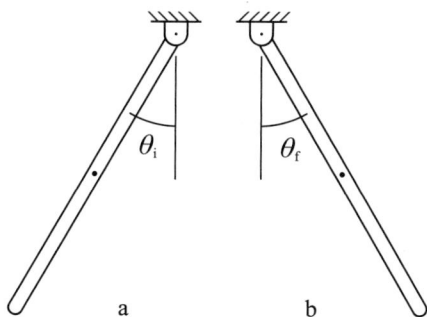

图 9-7 一个物理钟摆（physical pendulum），长度为 l、质量为 m 的杆悬挂在无摩擦的固定枢轴上。a. 移动杆，使它与垂直方向形成一个初始角度 θ_i。b. 杆被释放后，摆动到另一边的最高位置，与垂直方向形成一个最终的角度 θ_f

与简单的钟摆一样，杆在第一次摆动时，θ_f 将等于 θ_i，杆来回摆动的幅度会逐渐减小，直至停止。

🌑 实践 9-5

站立，两个手臂悬空。感受双臂的重量，尽可能地放松你的手臂和肩膀。

然后，在肩膀不动的情况下，让人向前抬起你的一只手臂，然后松开它。

注意你的手臂是如何前后摆动的，起初，它摆动的高度几乎与被向前抬起时的高度相同，然后它会来回摆动，摆动幅度越来越小，直到停止。

在最终停止摆动之前观察手臂，看如何做能更加放松，以增加摆动的次数。

枢轴位移后突然停止时杆的水平移动（方式3）

接下来令我感兴趣的是，当枢轴（悬挂点）向前（或向后）移动后突然停止时下面悬挂的杆的摆动情况（见附录3，对这种模式的定量处理）。

结论： 在枢轴停止的那一刻，杆向枢轴最初移动的方向摆动，在摆动到最高处之后暂时停止，然后开始反向回摆。

直观的解释： 当悬挂着杆的枢轴位移后突然停止时，杆的顶部也必须停止。但杆上的所有物质都仍在继续运动，这种运动往往会继续下去。因此，杆的最终运动将会是围绕枢轴的旋转运动。然而，重力的拉力会逐渐减缓其向上的旋转，直到杆摆到最高处后暂时静止，然后开始向回摆动。

● 实践 9–6

让你的手臂松弛地挂在肩上，同时向前移动肩膀。然后突然停止肩膀的运动。注意你的手臂如何继续向前移动。然后它会向后摆动，如此来回摆动，摆动幅度越来越小，直到停止。

当枢轴被水平加速时杆的摆动（方式4）

再次观察一个静止悬挂在无摩擦枢轴上的杆，当枢轴突然加速时（见附录3对这种方式的定量处理），杆的运动应该近似于放松悬挂在同样加速的肩膀上的手臂（图9-8）。

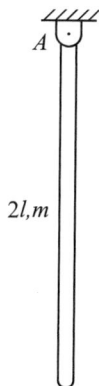

图9-8 一根长度为 $2l$、质量为 m 的杆静止地悬挂在一个无摩擦的枢轴上（支点 A），然后向右加速移动支点 A

结论：当杆的枢轴（位于其顶部）向右做加速度为 a 的运动时，杆的底部会突然在相反的方向（向左）做加速度为 $a/2$ 的运动。

直观的解释：当悬挂杆的枢轴突然向右移动时，杆的顶部也必须向右移动。但杆的所有物质都有惯性，这会引起运动滞后，所以杆的运动是绕着枢轴向左旋转。

⚫ 实践 9-7

让你的手臂放松地悬挂在肩膀上，然后通过转动身体来使肩膀向前加速，注意你的手臂最初是如何向后摆动的。

⚫ 实践 9-8

观察人走路，注意当人们的后腿膝关节开始向前移动、后脚在空中移动时，小腿是否会暂时向后摆动。

⚫ 实践 9-9

试着做左掤的动作，从面向北方（起始方向是被任意指定的）的起势姿势的末尾开始。看看刚才讨论的摆动方式是如何应用的，如下所示。

当你将重心 100% 转移到左腿上，顺时针转动身体时，你的左肩也会顺时针旋转，使得你的左肩向东运动。注意你的左手一开始是如何向西摆动的（方式 4）。然后，当你的身体重心向右移动时，你的肩膀会向右移动得更远，导致你的左臂向左摆动得更多（方式 4）。该手臂现在与竖直方向之间形成一个相当大的角度。当你的身体停止移动，左脚向起始方向迈步时，你的左臂会摆动并上升到至少与另一侧手臂相同的高度（方式 2 和 3）。最后，在你将重心的 70% 转移到左腿上、转身并停下时，你的左臂就会抬起（方式 4）。当然，此时你还需要一些扩张力来使你的左臂达到与胸部齐平的最终高度。

注意：先前讨论的几种方式（方式 2、3 和 4）的结果及其附带的实践将有助于你理解下一章关于腿部运动的讨论，即"迈步如猫行"，以及之后章节中关于身体转动和手臂圆周运动的关系等。所涉及的摆动方式有：方式 2，即一个有枢轴的杆在被推动后又被释放时的摆动；方式 3，即枢轴在水平位移后突然停止，下面悬挂的杆的摆动；方式 4，即当枢轴水平加速时，下面悬挂的杆的摆动。当外部介质有效地增加摆动系统的运动时，所有这些方式都会发挥作用。

势能和动能

当你把两个物体放在一起摩擦时，你所做的功就会转化为热能。换句话说，这些物体的温度上升了。你所做的功增加了物体内部分子随机运动的速度和幅度，但没有增加整个物体的运动的速度和幅度。然而，当你扔东西时，你所做的功是为了增加物体中所有分子的有序运动的速度和幅度，不是随机运动，而是所有的分子在同一方向上运动，速度和幅度都有相同的递增过程。这两种运动（随机和有序）的增加被认为是对应了动能（物体由于运动而具有的能量）的增加。

现在，如果你慢慢地把一个物体从地面上垂直提起一段距离，你对抗重力所做的功不会转化成动能（无论是热能，还是物体整体运动速度的增加）。但是你所做的功并没有丢失，而是潜在可用的，其原因是：如果松开物体让其落下，重力所做的功与你最初提起它时所消耗的功的大小相同，并且物体运动增加的动能一样，与你在使物体加速时所增加的动能和重力所做的功都相同。

上述提起然后放下物体的情况可以这样描述：当你提起物体时，你增加了它的势能，而当你放下它时，减少的势能变成了等量增加的动能。

同样地，当你拉伸、压缩弹簧或任何有弹性的物体时，你所做的功将转化为势能，然后这些势能就可以变成动能（如射出弓箭）。

你在举起手臂或腿、挤压或拉伸身体的某些部位时所消耗的能量并不一定会损失。如果你能充分放松，并意识到这些动作的微妙之处，那么你就可以毫不费力地做很多动作。

第十章 迈步如猫行

太极拳的步法

在《太极拳论》中，武禹襄说："迈步如猫行，运劲如抽丝。"
这句话意味着，你应该像猫一样自然地迈步。当猫要接近一只鸟或一
只老鼠时，在脚爪触地之前，它不会把任何身体重量放到迈出的脚爪上。
过早地转移重心会导致动作不连贯，从而惊动猎物。此外，猫在迈步
行进时，动作不僵硬。

然而，一些太极拳练习者在迈步时会将双腿作为独立部件僵硬地
举起和移动，而不是放松膝关节，让小腿自由摆动。此外，一些练习
者在迈步时如果不及时将脚落下并支撑到地板上，就会摔倒。

这种迈步的方式不是自然动作，打破了阴阳平衡和动作的连续性，
并且增加了在日常生活中摔倒的可能性。这种迈步的方式在武术格斗
中也是错误的，因为你的这种不连续的动作会让对手提前察觉你的意
图，并会有多种选择来应对，比如他会在你的脚刚要着地时对你进行
扫踢等。

阴阳的平衡及其相互交替的连续性对太极拳来说是至关重要的。
因此，迈出的脚是阳（主动的、向上的、向外的），必须在与地面完
全接触后才转化成阴（接地的、支撑的、不活跃的）。

阴和阳

阴、阳的概念是太极拳艺术的基础理论。事实上，代表阴、阳的

太极图（图10-1）和太极拳艺术都被称为太极。因此，在做太极拳动作时，我们必须坚持太极图所表达的原则。

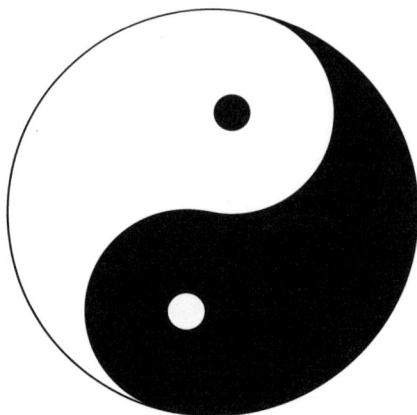

图10-1　太极图，它描绘了阴阳的平衡及其连续的循环演变。暗的部分是阴，亮的部分是阳

太极图描绘了阴阳的平衡和循环交替。我们看到了其循环性、连续性和平衡。请注意，在太极图中，阴和阳是在不断交替的，就像黑夜和白天一样。当阳变满时就会变成阴，反之亦然。

身体重量的转移

迈步时身体重量的转移

图10-2和图10-3分别显示了迈步成70-30的站姿时，在正确地完成动作和不正确地完成动作时前脚落到地面产生压力的积聚过程。在这些图中，t_i和t_p分别是正确和不正确地迈步时，将身体重量的70%转移到前脚上所花费的时间。

正确地迈步时（图10-2），前脚先与地面接触，之后70%的身体重量均匀地转移至前脚。不正确地迈步时（图10-3），身体重量在前脚还没有与地面接触时就向前移动，前脚落地时，由于身体前移时的动量（实际上是类似摔倒时的重心下落），地面受到的压力会非常迅速地增加到身体重量的 70% 以上。接下来就需要再执行一系列使压力递减的修正动作，以使过度转移的重心得到纠正。

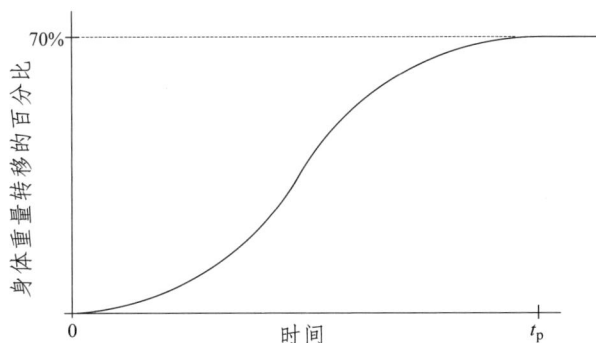

图 10-2　练习者在正确迈步时，前脚落在地面上的时间与产生的压力的变化曲线图。请注意，这种压力增长的曲线是均匀、平稳的，就像太极图中阳到阴的转换一样

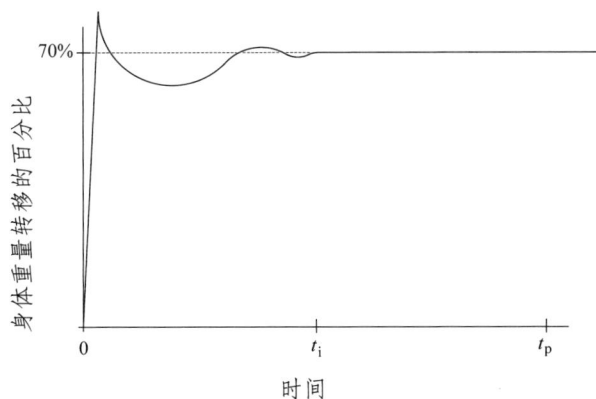

图 10-3　练习者在不正确迈步时，前脚落在地面上的时间与产生的压力的变化曲线图

坐下时身体重量的转移

上面讨论的原则还可以延伸到在椅子上坐下这个动作。这个动作我们一天会做很多次。大多数人都是走到椅子前，转身，然后直接坐在椅子上。与此不同的是，真正的太极拳练习者会先慢慢地降低自己

的重心，在未受到任何支撑的情况下使身体与椅子接触，然后谨慎地转移重心，直到安全地、完全地坐下。

前一种在椅子上坐下的动作的问题是，当你与椅子接触时，椅子可能被移走或者它自己滑走了。我认识一个人，她有一次试图在一张她以为应该在那里的椅子上坐下时摔倒了，结果她的脊椎严重受伤。几年前，我曾同时在两台电脑上工作（多任务处理）。有一次，我离开了一台电脑，习惯性地要坐到另一台电脑前的椅子上，但我没有意识到有人已经把它拿走了。当我把自己的重心下移但没有感觉到椅子时，我安全地重新站了起来。我是因为练了太极拳才没有受伤，甚至没有摔倒。

迈步如猫行的困难

腿部的力量和活动范围

要想"迈步如猫行"，必须使迈步的脚足够低，以便它能够做好立即与地面全面接触的准备，但却几乎感觉不到它与地面的接触。这就需要支撑腿不仅有足够的力量来稳定地支撑整个身体的重量，而且有足够的伸展范围，能够弯曲到一定的程度，以使迈步的脚能够轻松地落到地面而不失去稳定性。

力学对线

膝关节、踝关节和足弓正确的力学对线是至关重要的。关于膝关节、踝关节和足弓的力学对线问题，我在《太极步训练》一书和我的一些网络文章中进行了讨论。当支撑腿的膝关节内翻时，身体的稳定性就会受到不利的影响。当这种内翻达到一定程度时，支撑腿就会变得很弱，甚至在弯曲时会感到疼痛。之后会出现 4 个问题：①习惯性的重复磨损最终会造成膝关节退化；②膝关节和踝关节偏离中心，这大大增加了突然受伤（如扭伤）的可能性；③足弓塌陷，从而导致第一跖骨所承受的压力过大，使得足弓的减震功能失效；④对外部物体或另一个人发力的能力受到限制，因为对外发力会对错位的关节造成损伤。将身体重心放在双脚的中心（在第七章中讨论过）是获得膝关节、踝关节、足弓的最佳力学对线的一个重要因素。

平衡

当你的身体失去平衡时，你就几乎不可能再"迈步如猫行"。身体不平衡的原因通常是因为腿部力量不足，不能将身体重心放在双脚的中心；使用硬视觉而不是软视觉（见第七章的讨论）。此外，能够感觉到并将身体的重心放在承重腿的中心上方也是很重要的。

髋关节的开合范围

太极拳的大部分步法，尤其是郑子太极拳简化套路的步法，需要将左右大腿骨张开至少90°，有时甚至是135°。当所涉及的肌肉的伸展范围不足以充分打开髋关节时就会有一种倾向，即利用支撑腿膝关节的内旋（膝关节向内转动）来弥补这种不足。不正确的力学对线将使你付出肢体健康方面的代价，还可能会令你的步法变得笨拙。

重心下沉（松）

真正地把重心放在一条腿上需要动用大腿的所有肌肉，并导致它们因身体的重量而拉伸到极限。如果这些肌肉不能承受这种压力，它们就会收缩，以保护自己免受伤害。在这种情况下，实现放松是比较困难的，迈步也会很笨拙。经常做能够逐渐减少这种收缩的练习可以使腿部肌肉得到加强和伸长。做太极拳动作时，保持正确的力学对线是至关重要的，因为不正确的对齐排列会导致腿部发生慢性或急性损伤。

迈步顺序：脚跟先落地，脚尖先落地，还是整只脚同时落地

向前或向后迈步

图 10-4 所示为自然地迈步时，腿、脚围绕髋关节的摆动。在向前迈步（位置 c）时，最低点是脚跟，而在向后迈步（位置 a）时，最低点是脚尖。因此，向前迈步时，脚跟先接触地面是自然的；向后迈步时，脚尖先接触地面是自然的。

注意，在向前或向后迈步时，腿会呈弧形向上摆动，脚会向上抬起。因此，支撑腿应充分弯曲，否则迈出的脚就无法着地，而这样迈步就会像把重心"摔落"在迈出的脚上一样。初学者向前迈步时脚尖先着地的一个显著原因是他们很难把身体下沉到足够低的位置，以让脚跟先着地，所以他们会伸出脚尖去够地面。

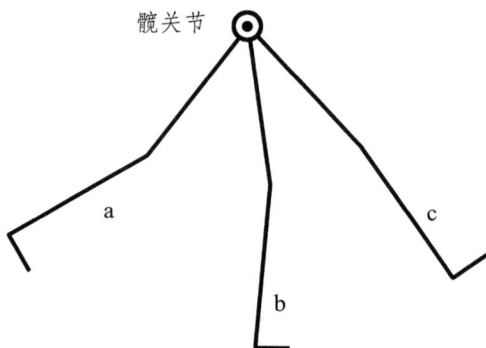

图 10-4 腿在向前或向后迈步时的摆动。髋关节是腿做旋转动作的中心点

向身侧迈步

从前面的讨论还可以得出这样的结论：当向身体一侧迈步时，脚尖和脚跟都不会先触地。通常我们在站立姿势正确的情况下，脚底的

各部分应该是同时接触地面的（图 10-5 和图 10-6），这样的动作包括了髋关节的合页式开合运动，此外还需要弯曲踝关节，以保持脚底不会倾斜并与地面形成夹角。

　　为什么在向侧面迈步时需要整个脚底而不是脚的内侧边缘接触地面呢？因为每当脚接触地面时，即使你没有将重心移到这只脚上面，力学对线也应该是最佳的，以使脚能够承受全部的身体重量，来应对情况的突然变化。如图 10-5b 所示，如果你将全部或部分重量施加到脚内侧边缘，可能会导致踝关节扭伤。从技击的角度来看，一条半悬空的、脚的中心没有着地的腿很容易受攻击影响。

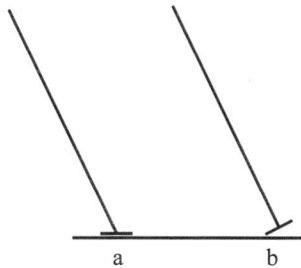

图 10-5　当向身侧迈步时，脚底应与地面平行，如 a 所示。脚底不应该像 b 所示的那样倾斜并与地面形成夹角

图 10-6　当你向侧面迈步时，脚在刚接触地面时的正确方式是脚底与地面平行

练习太极拳动作中的向身侧迈步

起势与从无极到太极的演变

在郑子太极拳简化套路中，起势是非常重要的。它融合了道家太极的基本哲学思想，即无极（虚无）演变为太极（阴阳的分离、平衡、变换和连续的变换）。事实上，起势的步法中所体现的阴阳变换正是太极拳套路中各种步法的基础原型。

练习起势

下面是以一种符合太极拳原则的方式练习起势的方法。

面朝北站立（此处将面向北方定义为起始方向），两脚跟轻触，两脚尖以舒适的角度向外张开，手臂垂在身体两侧（无极）（图 10-7a）。接下来，降低你身体的重心，并将重心完全转移到你的右脚上，控制身体慢慢下沉，同时相应地将身体转向右边。当你的左脚可以悬空时，脚跟会自动轻微抬起，并且由于你身体的转动，左脚会以脚掌为轴向外旋转（图 10-7b）。

当你将重心沉入右腿时，它更趋于向阴转化（具有弯曲、接地、向下、不活跃、支持等特性）。重要的是，不要让你的身体下坠，否则你只有依靠股四头肌的伸展才不会摔倒。相反，你的右腿应该有一个对应阴的阳，也就是有一个向上的扩张力来不断地调节身体的下降程度。

当你下沉重心和转身时，手臂要伸展，肘部微弯，前臂旋转，使两手掌心均向后（这种旋转在实践 2-4 中讨论过）。当你重心下沉时，你向外倾斜的右髋关节会产生一个伸展的弹簧力，从而使你的身体向右转。然后你的左腿也会以你的左脚脚掌为轴向外转动。

当你的右腿弯曲下沉时，你的左腿必须相应地变成阳。这意味着它会在生物电的刺激下扩张力增大、悬浮力增强，并准备向西方迈步。

这个动作加上向外转动脚的动量确保了当重心百分之百落在右脚上的那一刻，左脚和地面之间的摩擦力为 0，左脚将开始悬空。

当然，这个迈步不只是脚在动，而是整个身体达到浑圆一体。即所谓的"全身是手手非手，全身是脚脚非脚"。

左脚的所有承重部位应同时接触地面，重心从 0 到 100% 的转移方式要如图 10-2 所示。也就是说，左脚必须与地面融为一体，动作不能发生间断或产生额外的压力。

在微调这个动作时最好借助镜子，仔细地观察镜像中你在周围环境中的位置的变化。你身体的任何侧向运动都会在镜子里清晰地显示出来。通过镜子，你很容易就能捕捉到自己身体做出的细微移动。当你向身侧迈步时，在你的迈步脚以零压力接触到地面之前，你的头部和身体不应该向迈步的方向移动，只有这样，脚才能与地面全面接触。实际上，你的身体需要稍微向与迈步脚相反的方向移动一些，以平衡迈出的腿的重量和其杠杆作用。

还要注意的是，左腿的旋转运动需要转变为平移运动，以减少所需的力。

当左脚接触地面时，脚的中心线应位于一条南北方向的线上（图10-7c）。接下来，释放右大腿关节的弹簧力，以使你身体的重量完全转移至左脚（图 10-7d）。

当你身体重心的移动完成时，身体的中心线会指向东北，左脚脚尖指向北方。因此，你的左大腿上的组织被拉伸，你的身体围绕左髋关节逆时针旋转，以朝向起始方向，同时右脚以脚跟为轴向内旋转，直到它的中心线位于南北方向上。

这时，你以 50-50 的姿势站立，双脚平行，膝关节伸直但处于放松状态，尽可能地释放两个髋关节的张力。掌心朝向身后，手肘略微弯曲，大拇指置于大腿前后两侧的中心。双脚分开，与肩同宽且平行，脚尖指向北方。两个脚跟应该在东西方向的连线上（图 10-7e）。

图 10-7 郑子太极拳简化套路起势的动作顺序

说明：①左脚要随着身体的转动而转动并向外运动；②左脚的迈步动作不要有任何间断；③让迈步的脚不断地与地面融为一体，不要过早地向迈步脚转移重心。

自然地迈步

走路时自然地迈步

走路是我们经常做的事情，所以我们有必要研究自然地走路的方式，然后将其扩展到太极拳的动作中。如果你观察人们走路的方式，就会发现除了那些有严重障碍的人，一般人走路的方式是：当身体向前移动时，后腿只剩前脚掌与地面接触。在这之前，这条腿的膝关节会轻微地抬起，自然地向前移动，这会使小腿和脚以膝关节为轴向后摆动。之后，当膝关节向前的运动停止时，由于大腿向前的动量，小腿仍会以膝关节为轴自由地向前摆动。如果小腿没有先向后摆动，那么之后向前的摆动幅度就会相应地减少，并且需要额外的能量来使小腿向前迈步。

不自然地迈步

一些太极拳练习者有一个明显的错误，那就是在迈步时，他们的腿的运动是不自然的，往往是僵硬地抬起腿，将其作为单独的部位，用脚引导移动，而不是像日常走路那样让大小腿自由地摆动。

把后腿作为一个整体向前迈动需要消耗更多的能量（这是在浪费能量，违反了太极的无为原则），而且会减慢你的速度，并（在实战中）产生不必要的弱点。整条腿的重量比大腿重得多，相对于仅仅伸出大腿，伸出整条腿时会产生更多的杠杆作用和阻力。如果能够做到放松，就可以将一条腿（或一只手臂）当作一个钟摆，迈步时所需的动能就可以由自然摆动来免费提供了。

其他可能的腿部动作

在太极拳动作中，腿不仅可以向前移动，还可沿弧形向侧面移动。

从生理学上讲，向前走只涉及髋关节的旋转动作。而旋转只是髋关节三种独立运动模式中的一种。髋关节可以围绕身体的三个基本轴运动。人体的三个基本轴是矢状轴（前后方向）、冠状轴（左右方向）和垂直轴（上下方向），图 10-8 显示了矢状面、冠状面和水平面。注意，矢状面是平行于正中面的任何平面。

图 10-8　身体的三个面，矢状面是平行于正中面的任何平面

走路时，髋关节在矢状面的动作是屈曲和伸展，膝关节在矢状面的动作也是屈曲和伸展。水平和左右的运动包括合页式的开合动作。当膝关节向外或向内画弧时，会发生水平面的运动。而当你向内抬起一只脚来查看脚底时，就会发生水平面的运动。太极拳的动作中经常会发生矢状面和水平面的运动。水平面运动还会出现在其他武术动作中，例如侧踹等。

太极拳动作的一个特点是不仅有转身的动作，还包括各种步法中腿的水平、向外和各种弧形的动作，髋关节的合页式开合动作。腿向外摆动的弧度越大，完成动作所需的力量就越大，因为腿向外伸得越长，产生的杠杆作用就越大，在动作中改变角度时遇到的阻力就越大。如果先让小腿自然地向内摆动，同时大腿在水平面外旋，然后让小腿自然地向大腿的方向摆动，就可以避免整条腿向外摆动的弧度过大。

迈步时后腿向前的摆动

图 10-9 显示了后腿的大腿和小腿在向前迈步各阶段的摆动情况。这个例子是左腿在迈步时出现向前迈步、中止和落地的阶段。

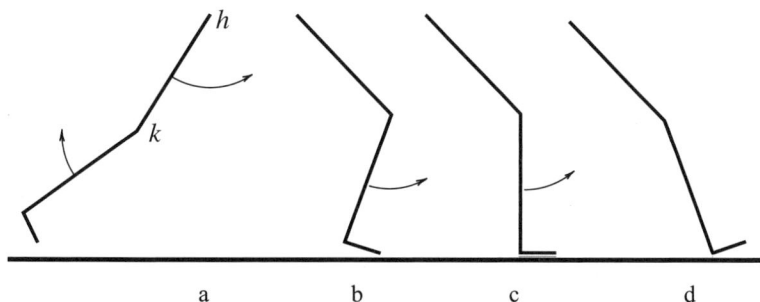

图 10-9　在自然迈步的过程中，后腿向前迈步时，髋关节 h 持续向前移动（图中所画的迈步幅度有些夸张）。a. 准备向前迈步的后腿，当膝关节 k 开始沿弧形向前移动时，小腿会相对于大腿向后摆动。b. 膝关节停止移动，之后小腿向前摆动，经过 c 到 d。d. 小腿自由向前摆动，直到脚跟触碰地面，这时身体重量还没有开始向这条腿上转移。注意，髋关节 h 在整个步骤中保持着静止

● 实践 10-1

你可以坐在商店门口的长椅上观察一下人们是如何走路的。你可能会发现，当人们在走路时，他们的膝关节会内翻（膝关节向身体中心线靠拢），每走一步，膝关节都会内扣，或者他们的脚会向外倾斜，从而导致身体左右摇摆。你还会发现很少有人在走路时让腿自然地摆

动，他们在迈步时，整条腿都很僵硬。

⚫ 实践 10-2

你去超市时，试着推着购物车走路。购物车所提供的支撑能让你以一种更放松的方式行走，让你的大腿和小腿能自然地摆动。找到这种感觉，然后在你练习太极拳时将之重现。

⚫ 实践 10-3

坐在一张结实的桌子的边缘，膝关节悬在桌子外。抬起你的小腿，然后让其自由地摆动。如果你腿部的肌肉能够放松，那么小腿前后摆动的次数就会多，摆动幅度逐渐减小，直到停止。感受和捕捉小腿肌肉放松时摆动的感觉，然后在练习太极拳步法时尝试做同样的摆动。

⚫ 实践 10-4

你可以在平时走路时注意一下自己的后腿是如何先让大腿向前移动，之后小腿才向前摆动的。找到这种感觉，并在练习太极拳的时候尝试重复这种迈步方式。

迈步时前腿向前的摆动

我们将讨论揽雀尾左掤和单鞭 2 个动作。图 10-10 和图 10-11 分别显示了左腿在做揽雀尾左掤和单鞭时各个阶段的摆动。

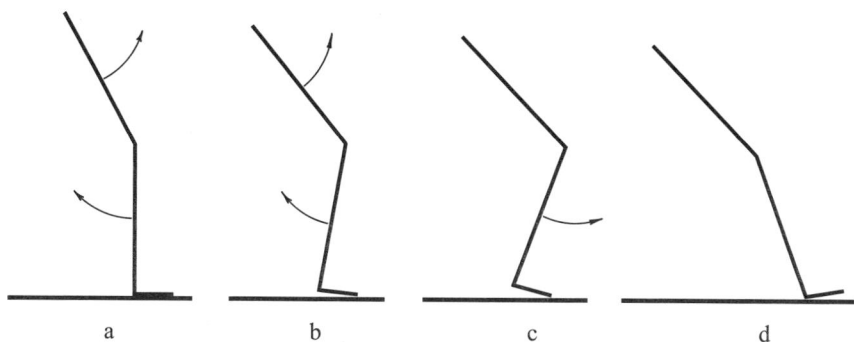

图 10-10　在做揽雀尾左掤时左腿摆动的 4 个阶段。a. 迈步前的腿。b. 重心完全转移至右腿，左膝开始弯曲。c. 重心进一步下沉，左腿膝关节进一步弯曲。d. 膝关节保持静止，小腿自由地向前摆动，直到脚跟接触地面，但重心还没有开始向左腿转移。值得注意的是，随着重心不断地降低，支撑腿会越来越弯曲

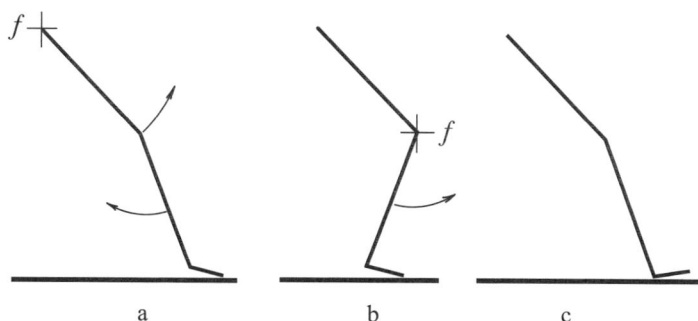

图 10-11　做单鞭时左腿摆动的 3 个阶段，f 代表一个固定点。a. 悬空左脚，略微抬起膝关节，让小腿以膝关节为轴心向后摆动。b. 小腿以膝关节为轴向后摆动，髋关节水平打开，然后让小腿以膝关节为轴向前摆动。c. 小腿完成向前摆动后，左脚脚跟接触地面，然后将身体重心转移至左腿

在合适的时机迈步

能够做到在合适的时机迈步的关键，是在完成迈步之前的所有时间内都保持迈步脚悬空（完全不承担身体的重量）。当迈步脚完全悬空时，身体的转动能带动迈步脚移动的时刻就是迈步的时机。如果在

迈步前的过渡过程中，迈步脚和地面之间有压力（哪怕是最轻微的压力），迈步脚和地面之间的摩擦就会阻止其运动，身体就不会发出合适的迈步时机的信号。此外，让迈步脚继续运动的动力也会因这种摩擦力而消失。

关于正确迈步的实践

⚫ 实践 10-5 脚的中心

改善平衡的一个重要因素就是注意脚的中心。想象一下，你单腿站立，脚踩在一块木板上，木板下面有一根垂直的尖尖的木桩支撑着。要想保持身体平衡，脚的中心点必须在木桩尖端与木板接触点正上方的点上。无论这只脚上承担了多大的重量，脚的中心点应该总是在脚的同一个位置。我们的目标是让每只脚上所承担的重量的中心位于该脚的中心点。即使迈步脚上所承担的重量为 0，它的力学对线也应该为重心随时转移到该脚上做好准备，而不是在需要的瞬间进行改变。

⚫ 实践 10-6 三个质心的叠加

改善身体平衡的另一个重要因素是头部、胸部和盆腔区域的质心垂直排列。当单脚站立时，这三个质心应堆叠在承重脚中心点的正上方。当以 70-30 的姿势站立时（前脚承担身体重量的 70%），这三个质心应堆叠在连接两脚中心点的连线上，且在从后脚的中心点到前脚中心点之间长度的 70% 处。

⚫ 实践 10-7 用太极拳的一个动作练习向前迈步

为了加强前面概述的迈步如猫行的步法，可以练习郑子太极拳简化套路中的揽雀尾左掤动作（图 10-12）。这个动作的重点是，左腿以膝关节为轴自由地摆动。当你向前迈步时，你的头部和身体不应该向迈步的方向移动，直到你的迈步脚以零压力触碰到地面。只有这样，脚才能与地面融为一体。

揽雀尾左掤

面朝北、以 50-50 的姿势站立，两手掌心朝向后下方，肘部微微弯曲，拇指靠近两侧大腿（图 10-12a）。接下来，将 100% 的身体重量转移到左脚上，重心下沉。重心下沉时转腰，以使你的身体相应地向右转。重心下沉和转身将有助于产生扩张力而抬起右臂。同时，你的身体以一种浑圆一体的方式使你的右脚以脚跟为轴转向东北方向。此外，你的身体右转会导致你的左臂稍微向左摆动，如实践 9-8 和实践 9-10 中所示。

注意，这时所有的身体重量都在左脚上，左膝在左脚中心线的正上方。然后将重心完全移到右脚上。在你转移重心时，主动向外伸展左膝，并通过骨盆扩张将其略微提升。此外，身体右移会让你的左臂向左摆动得更多。最后双手好像在胸前抱着一个大球。右手在上，左手在下，两手掌相对（图 10-12b）。当你的身体重量 100% 从左腿移开时（图 10-12c），左小腿以左膝关节为轴向前摆动，左脚向北迈出（图 10-12d）。

接下来，当身体重量向左脚移动 70% 时，左臂继续向上移动（图 10-12e）。与此同时，当你的身体继续朝北转动时，你的右手拇指向大腿靠近，右臂回到起始位置，右脚以脚跟为轴旋转，使右脚脚尖朝向东北。左手继续移动并回到胸前中心位置，掌心向内，右手垂直下移，最后右手掌心朝向后方，靠近右大腿（图 10-12f）。手臂要"撑满抱圆"，这是杨澄甫的训诫。

图 10-12　郑子太极拳简化套路中的揽雀尾左掤动作顺序

注意：初学者最常犯的错误之一就是在迈步过程中没有保持站姿的宽度。在迈步过程中，左膝在移动时必须指向北方。如果膝关节内扣（指向东北方向），而不是指向北方，那么迈出的步子也会向内，导致站姿的宽度无法保持。注意，在图 10-12 从 b 到 c 的过程中，左腿要保持正确的力学对线，并作为一个整体向前倾斜。

走路时手臂的摆动

有一种说法是，在走路的过程中，一侧的腿向前迈进、另一侧手臂向后摆动是骨盆围绕垂直轴旋转的结果。我从不同的角度观察过许多人身体不同部位的运动，并得出了一些结论。

（1）几乎没有人在走路时会让其臀部绕垂直轴旋转。

（2）关于对侧的手臂和腿的相反运动，手臂的摆动是主动的，而不是被动地由骨盆的旋转或另一侧腿的运动所导致的。手臂摆动的目的是平衡腿部的相反运动，以稳定身体，防止身体转动。我试过将双臂被动地悬在身侧走路，它们根本不摆动，或者说它们在摆动，但与腿部的运动相比，其摆动会根据我腿的移动而轻微地变化。

在跑步时，手臂的主动摆动与走路时相似，但双臂需要更有力地摆动以保持身体平衡。

思考一下：在行走时，手臂几乎不使用任何能量地自然摆动就能完成平衡身体的动作，而让整个身体来回旋转会浪费更多能量。

第十一章 周期运动及其时机

本章所讨论的主题对获得太极拳在养生保健、把握节奏、提高效率、保持自然性和武术格斗方面的益处都有价值。

无论你的动作是推开还是击打,领悟最大限度地将动作从腿部传递到身体各个部位,最后到达手臂的时机能使你的动作更有效,更能契合你的对手的动作。

周期运动

周期运动(振动)是一种有规律的重复、来回的运动,是自然界常见的一种运动形式,如钟摆或悬挂在弹簧底部的重物的运动。即使是桥梁,也容易受到足以导致其坍塌的振动的影响。因此,士兵们在过桥时从不会同时正步走。

一个系统要进行周期运动需要两个因素:惯性和恢复力。对弹簧悬挂重物的系统而言,弹簧会提供恢复力;对钟摆来说,绳子在摆动时所受张力的水平分量会提供恢复力。

弹簧悬挂的重物的运动是一维运动(沿一条直线运动),钟摆摆锤的运动是二维运动(平面运动)。这两种周期运动在太极拳的动作中都经常出现(或者说应该出现),此问题将在本章后面讨论。

● 实践 11-1

重复练习实践 10-3,坐在桌子边上,感受两条腿的摆动。

在自然界，一些振动有时很慢，以至于振动周期（即一次完全振动所花的时间）达数十年。缓慢振动的一个例子就是地球自由章动，即地球自转轴的来回摆动。地球的章动周期为18.6年。相比之下，一些振动可以每秒发生4万亿次，如可见光，它的振动周期约为千万亿分之一秒（10^{-15}秒）。我们的眼睛可以捕捉和跟随周期为0.1~100秒的振动。

周期运动术语

位移

位移是物体振动时距离平衡点的距离。向右和向上的位移通常被认为是正的，而向左和向下的位移通常被认为是负的。

振幅

振幅A为最大位移（图11-1）。A总是正的。

周期

周期T是一个周期运动完成的时间。图11-1中的周期$T=4$秒。

频率

频率f是每秒完成周期运动的次数。图11-1中的频率$f=1/4$赫兹。

注：从周期和频率的定义中可以看出，周期和频率是相互关联的：$T=1/f$。

相位

周期性波形的波粒的位置称为波形的相位。一个波形的完整周期的相位是 360°（可以表示为分数或角度）。对术语"超前"和"滞后"的说明请参见图 11-1。

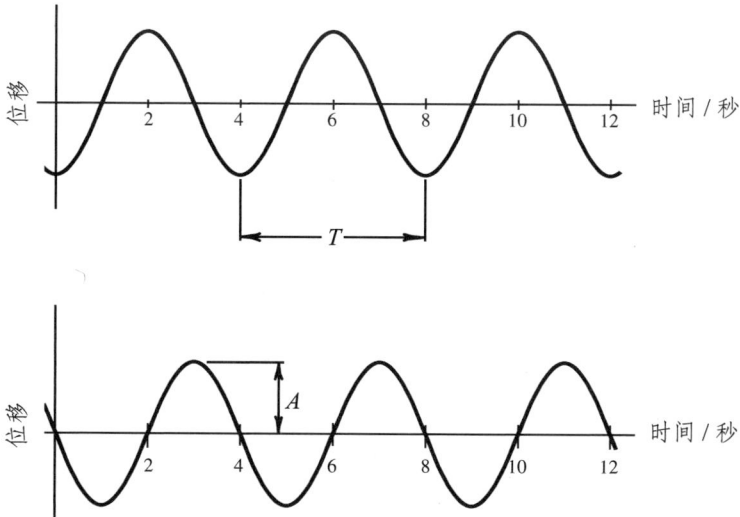

图 11-1　两幅位移–时间关系图。每幅图都描绘了一个粒子做周期运动的 3 个周期，周期 T=4 秒。上面的运动比下面的运动领先 1/4 个周期。也就是说，在时间为 0 时，上面的运动达到最小值，但下面的运动在 1/4 周期后（1 秒后）才达到最小值。请注意，上下两种运动在每个连续的 1/4 周期内交替进行，彼此相反。当一种运动位于其中间位置时（零位移和最大值处），另一种运动位于其极限位移处，暂时停止后改变方向

　　为了实际看到图 11-1 中所描述的上面的运动领先于下面的运动的现象，请拿一个 10 cm×15 cm 的索引卡，在卡的中间切一个宽 0.16 cm、长 10 cm 的"天窗"，"天窗"的长边和宽边分别平行于卡的长边和宽边。然后将"天窗"竖直放置在图表的开始处，并将索引卡匀速地向右移动。你将通过"天窗"观察到上下两种运动中，上面的运动领先，且比下面的运动提前 1/4 个周期。

驱动周期运动

自然频率

一个周期运动系统的自然频率是指在没有外部驱动力影响的情况下，它的振动或来回摆动的速率。

驱动振动

当一个系统受到外部振动力的驱动时，它将以驱动力的频率振荡，这个频率可能是该系统的自然频率，也可能不是。

启动任何动作都需要动能。而运动一旦开始，摩擦力和阻力就会消耗动能。因此，为了保持周期运动振幅的稳定，要增加振幅，就需要一个驱动力。当驱动力的速率与该系统的自然速率相同时，它传递给该系统的动能就会最大，驱动力产生的运动比该系统的自然运动领先 1/4 周期。这种关系如图 11-1 所示，上面的运动就是一种驱动力产生的运动。

☯ 实践 11-2

在一个水罐中倒入半罐水，试着搅动水使其旋转。请注意，水罐中的水会根据你搅动它的速率、水与容器之间的摩擦力来旋转。水有惯性，但没有恢复力，因此，它只有圆周运动，而没有摆动的自然频率。

☯ 实践 11-3

用一只手的拇指和食指捏住一根量尺或其他类似长度的木条的末端，让它轻轻地悬挂在拇指和食指之间。用另一只手把量尺或木条的下端向一侧抬起，然后放开它，让它摆动。观察它的自然摆动频率。这个周期应该是 1 秒左右。

接下来，手捏量尺或木条来回移动，使量尺或木条以比其自然频率高得多的频率摆动，你会发现量尺的摆动幅度会相当小，而其摆动方向会与你手的运动方向相反。接下来，试着使其以比其自然频率低得多的频率摆动，你会发现其振幅会相当小，几乎没有摆动，而是会随着你的手移动。最后，试着使其以自然频率摆动，你会发现其振幅会很容易地变得很大。

观察：①当量尺或木条达到自然频率，你手的运动领先于量尺 1/4 个周期时，摆动幅度达到最大；②当你的手领先 1/4 个周期时，你几乎不需要特意推量尺或木条，就可以将动能转移到量尺或木条上。

● 实践 11-4

在一根大约 30 cm 长的橡皮筋的下端系一个重物，如一个钓鱼用的坠子（300 g 的效果就不错）。用你的拇指和食指夹住橡皮筋的上端（图 11-2）。然后将重物垂下，轻轻拉伸橡皮筋，使重物上下运动，观察其振动的自然频率。接下来，试着以比它的自然频率高得多的频率上下拉动它，注意观察，其振幅会相当小，重物运动方向会与你手的运动相反。接下来，试着以比它的自然频率低得多的频率上下拉动它，注意观察，其振幅相当小，重物会随着你的手移动，几乎没有上下运动。最后，试着以它的自然频率来上下拉动它。

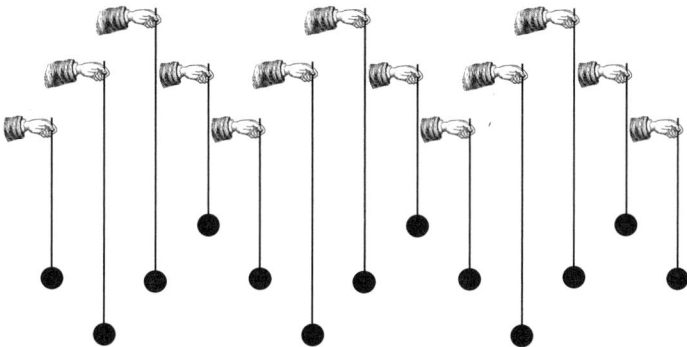

图 11-2 重物连续摆动的 13 张"快照"。3 个完整的手部上下运动的周期，手提供了驱动力。这些"快照"间隔 1/4 个周期。注意，重物的运动落后于手的运动 1/4 个周期

观察：①当重物达到自然频率，手的运动领先于重物运动 1/4 个周期时，振幅将会最大；②当手的运动领先重物的 1/4 个周期时，你几乎不需要移动你的手来向重物转移动能。

线性、驱动、水平周期运动（如封似闭）

大多数太极拳练习者都熟悉如封似闭这个招式，并能够在其中体验到手臂的线性、驱动、水平周期运动。在做如封似闭时，你需要用最小的力来支撑手臂以抵消重力的影响。身体向后移动，手臂和手跟随但滞后于身体（图 11-3 a~11-3 c）。之后，当身体开始向前移动时，手臂仍然在向后移动（图 11-3 c~11-3 d）。在身体向后移动时，手臂相对于身体向前移动（图 11-3 e~11-3 f）。身体与手臂和手之间的这种相对运动所涉及的节奏，与图 11-3 中所显示的垂直摆动运动相同。在如封似闭的动作中，身体提供了驱动力，恢复力由手臂、肩膀和胸部组织在不同运动阶段产生不同的弹性来提供。就像在橡皮筋一端悬挂的重物一样，重力也是一个因素。然而，橡皮筋的初始拉伸就抵消了重力，所以它的运动类似于如封似闭的动作。

对如封似闭动作的分析

在图 11-3 中，a 和 b 表示身体向后移动，手臂也开始向后运动；c 表示身体已经停止了向后的运动，但由于惯性，双臂仍在向后运动；d 表示身体向前移动，但双手仍在向后移动，"压缩弹簧"效应（身体组织的弹性）开始，从而使手臂向前运动；从 d 到 e 表示，由于手臂向前的惯性，手臂和身体一起移动；在 e 中，身体停止向前移动，但手臂由于惯性继续向前移动。与此同时，身体开始向后移动，并开始向后拉动手臂。

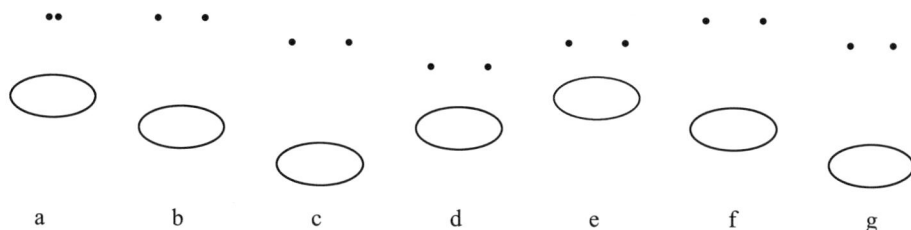

图 11-3　从顶部俯视从按过渡到如封似闭过程中的身体和双手位置的连续"快照"。椭圆形和它上面的两个点分别代表身体和双手。这些"快照"之间间隔了 1/4 个周期。请注意，在运动开始后，手的运动落后于身体运动 1/4 个周期

🌑 实践 11-5

反复做如封似闭的动作，用最小的力量支撑手臂，使其不至于垂下，感受手臂在前后运动时的自然速率。不要让紧张或对动作先入为主的想法干扰动作的完成。肩膀和肘部必须尽可能地放松。

观察： ①当你的移动达到自然频率，你身体的运动领先双手运动 1/4 个周期时，振幅最大；②当你的身体领先双手 1/4 个周期时，向手臂传递的动能是最大的。按照这种相互关系，当你的双手向后移动一半时，你的身体已经开始向前移动；当你的双手向前移动一半时，你的身体已经开始向后移动。

如封似闭动作的时机的重要性

为了在推手练习中或在面对对手的攻击时能自然地抓住时机，感觉和捕捉身体各个部分推进的最佳时机是必要的。如果你无法感觉到这种时机，那么你将无法使自己的动作与对方的动作相协调，也就不能达到最佳的效果。

单鞭中右臂的圆周运动

单鞭是太极拳套路中最具吸引力、最复杂的招式之一，它在杨式太极拳套路中出现了 11 次。在左脚迈步前，单鞭的过渡动作涉及右手在水平面上做圆周运动、左手在正面做圆周运动。这个过渡动作的一个重点就是身体躯干相对于手臂转动的时机，以便能最大限度地将动能从脚和身体转移到手臂（右臂动作的最佳时机见图 11-4）。

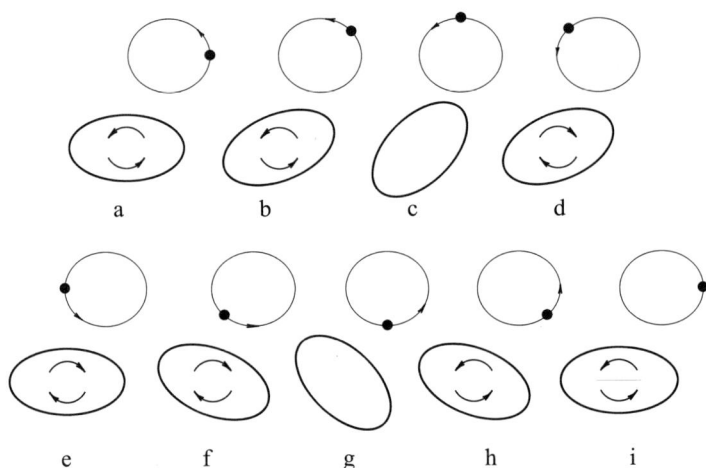

图 11-4　从顶部俯视在左脚迈步之前过渡到单鞭动作的过程中，右手（黑点）相对于身体（椭圆形）的水平运动（圆形）的连续"快照"。这些"快照"之间间隔了 1/4 个周期。请注意，身体的运动领先手的运动 1/4 个周期；当手位于其圆周运动的一侧和另一侧之间时，身体转动的方向就会发生变化

有趣的是，身体躯干转动以使右臂运动最大化的最佳时节与左臂的完全相同。此外，无论是冠状面、矢状面还是水平面的运动，身体各部位相对于手臂的所有运动的节奏都是完全一样的。这种相互关系的普遍性表明在练习太极拳套路的所有动作时都应考虑到这个因素。

一旦你学会了在水平面的圆周运动中捕捉身体相对于手臂的转动节奏（如右手过渡为单鞭），就可以将该节奏应用于冠状面和矢状面的圆周运动中（图 10-8 说明了三个面）。

🔘 实践 11-6　冠状面运动

以 50-50 的姿势站立，反复做云手的动作。感受身体左右转动的自然速率，以便最大限度地增强手臂在冠状面的运动。肩部和肘部必须尽可能地放松。

🔘 实践 11-7　矢状面运动

反复做如封似闭的动作，感受身体左右转动的自然速率，以便最大限度地增强手臂在矢状面的运动。肩部和肘部必须尽可能地放松。

🔘 实践 11-8　水平面运动

反复做单鞭的动作，感受身体左右转动的自然速率，以便最大限度地增强右臂在水平面的运动。肩部和肘部必须尽可能地放松。

离心效应

一个物体做圆周运动时会产生一种朝向中心的加速度，称为向心加速度。只要有向心加速度，物体在向心加速度的方向上一定会有一个力，称为向心力。也就是说，为了使一个物体一直在一个圆上移动，必须有一个使其向中心运动的力作用在该物体上。如果移除这个向心力，该物体将沿着一条与该圆相切的直线移动而离开这个圆。从一个以与该物体相同的速率旋转的参照系来看，该物体似乎有一个远离中心的力（离心力）。

当汽车正转弯时，你坐在车上就会感觉好像有一个力在令你离开转弯的中心，安全带或身侧的车门会给你提供一个向心力，让你能够留在原地。

同样，当你双臂下垂并旋转你的身体时，除非你的手臂用力向内弯曲，否则它们就会向外移动而离开身体并上升。这种效果可以在一些太极拳动作中体验到，如单鞭。当然，动作的速度要足够快才行。

● 实践 11-9

双臂垂于身体两侧，完全放松，以穿过身体中心的一条固定的垂直线为轴，顺时针转动你的身体。当你增加身体转动的速度时，你会注意到，手臂离开你的身体且越来越远，并随着身体的转动而上升。

重力作用下的离心效应

郑大师在教授挤势时，让我们的左臂完全向下形成一个矢状面的圆。其他人在做这个动作时，则是让左臂在几乎水平的水平面上运动。郑大师的方法促进了左臂在圆圈底部的放松。同时还有另一个好处，那就是不管是不是有意为之，当任何物体在一个垂直的圆中旋转时，其在底部时的离心效应和引力效应会增加。离心效应总是在径向上远离中心，在底部是向下的，与重力的方向相同。这两种效应在圆的底部会增加，从而在手和前臂产生较大的液压。放松之后的另一个结果就是在第九章中讨论过的"内在洗涤"效应的增加。

图 11-5 描述了当手在垂直平面做圆周运动时，手中的一滴水在最低点处所受的力。若 W 是作用在水滴上的重力，a_c 是水滴的向心加速度，其关系如下：

$$\sum F = ma_c$$

$$F - W = ma_c$$

$$F = W + ma_c$$

因此，水滴在底部受到的向上的力比其重力大 ma_c。这种向上的力是由身体组织提供的，因此身体组织所承受的压力大于正常的压力。此外，如果身体组织能够放松和"液化"，整个手臂就会有一个水力坡度，当手臂下垂时，水力坡度最大。重量、离心作用和液压这三个因素增加了手部组织的扩张和液压。

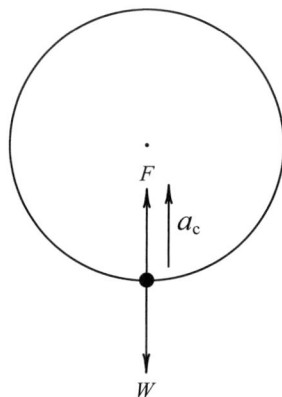

图 11-5　手在垂直平面做圆周运动时，手中的一滴水在最低点处所受的力

圆锥摆

一个简单的钟摆由一根绳子和系着的重物组成。它可以在垂直平面上来回摆动，也可以做圆锥摆，这样，它的摆锤会在水平面上不断画圈。它之所以被命名为圆锥摆，是因为系着重物的绳子在摆动中画出了一个圆锥体（图 11-6）。

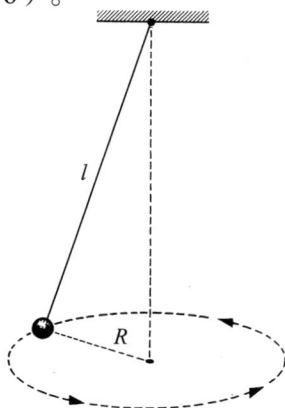

图 11-6　圆锥摆

在这种情况下，绳子张力的水平分量给摆锤提供了向心力，向心力使摆锤能够保持圆形运动，而不会沿着切线飞离圆形路径。绳子张力的垂直分量平衡了所系重物的重力。

🔘 实践 11–10

试着移动你的身体，使你的肩膀在一个水平面内围绕一条固定的垂直轴做圆周运动；一只手臂下垂，以其自然速率做圆锥摆。注意，你身体的运动要领先手臂的运动 1/4 个周期。为了体验自然运动，你的手臂和肩膀必须放松。

身体围绕垂直轴左右转动，手臂左右来回摆动

以 50-50 的姿势站立，双脚平行，或者以 50-50（不是 70-30）的弓步姿势站立。手臂被动地摆动完全是由身体围绕静止的垂直轴左右转动导致的。

当身体转动时，头一直朝前且保持不动，仿佛飘浮在空中一样。当身体从一侧转到另一侧时，离心效应会导致手臂上升，使其几乎在水平面上左右摆动，并会撞击身体的正面、侧面和背面。

这个练习是发劲（一种类似用鞭子抽的、爆炸性的力量释放）的前奏。它不同于郑大师的"熊经"气功动作，后者包括了身体的左右移动和旋转，从而带动手臂摆动。

摆动的一个重要目标就是最大限度地将身体的动能转移给手臂。在手臂运动最多而臀部运动最少的时候，你就有可能达到无为的状态（以最小的力量达到最大的效果）。为此，有两个必要元素：①以手臂摆动的自然速率左右转动身体；②掌握好身体转动的节奏，使其提前手臂摆动 1/4 个周期（整个周期过程见图 11-7）。在物理学中，驱

动力和运动之间的 1/4 周期相位的关系是众所周知的，这也是物理学中的一个常规课题。

　　为了解身体相对于手臂运动的转动节奏，可以想象一条狗在左右摆动脑袋，以期甩掉头上的水。狗的下颌和耳朵的运动类似于手臂的左右摆动。注意当狗的耳朵垂直向上（在其前后运动的中间）的时候，其头部的旋转方向是如何开始逆转的。显然，小狗不想让自己的耳朵耷拉下来。

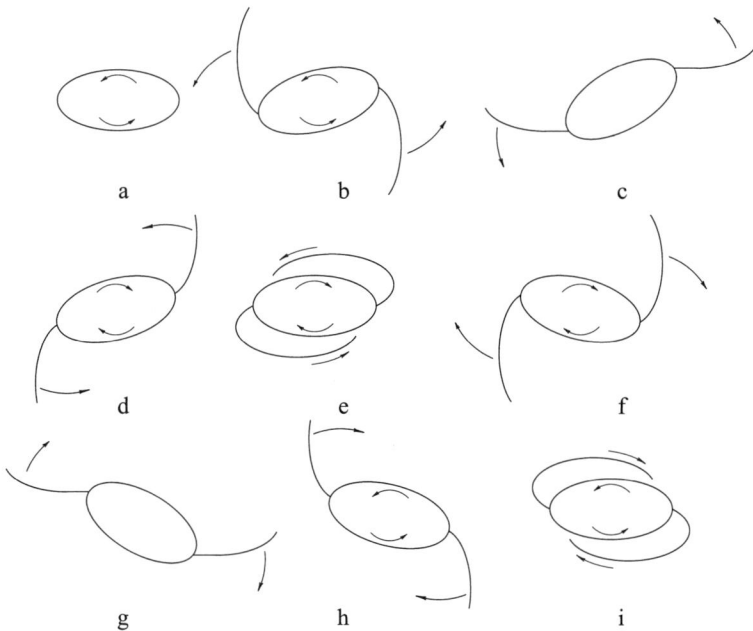

图 11-7　身体（椭圆形）围绕垂直轴左右转动并摆动手臂（两侧的曲线）时的完整运动周期俯视图

摆动的好处

　　当你能够熟练地掌握身体躯干转动的最佳节奏时，手臂运动所需的动能和运动的强度会显著增加。最大限度地提高这种效率会带来很多好处。

健康

手臂会以相当大的强度撞击身体，这被称为治疗性叩击，可以增加气、血液和淋巴系统的循环，提高营养供应的质量，增强清洁和治疗效果，产生的有益振动会延伸到身体躯干和手臂的器官、腺体、骨骼、血管和神经。同时，肩部和胸部肌肉的推挤和被动运动也有助于增加这些区域的气。

减少对肌肉收缩力的需要

习惯于使用肌肉收缩力是使用扩张力的一个障碍。在做太极拳的动作时，利用身体转动的最佳节奏最大限度地将机械能转移到手臂上，可以减少抵抗重力所需的手臂肌肉的收缩力。如果掌握了这种技巧，学习使用扩张力的速度将会加快。

如图 11-7 所示，在手臂运动滞后于（慢于）身体运动 1/4 个周期时，身体旋转的节奏最佳，能够最大限度地将动能转移到手臂。a 为身体从中立状态开始逆时针旋转，手臂因惯性而悬起，但滞后。b 为身体已从中立状态逆时针旋转 15°，并继续逆时针旋转，手臂不再滞后，而是随着身体的运动开始逆时针转动，同时由于离心效应向上甩起。c 为身体逆时针旋转了 30° 后停止，不再继续转动；手臂追上身体，继续逆时针转动。d 为身体改变转动方向，顺时针旋转 15°，两臂因原有动能仍继续逆时针转动。e 为身体转回中立状态，并将继续顺时针转动，两臂处于逆时针转动的末尾，撞击身体。f 为身体继续顺时针转动 15°，手臂开始顺时针转动，但落后于身体的运动。g 为身体顺时针旋转了 30° 后停止转动，手臂追上身体，因其动能继续顺时针转动。h 为身体再次改变转动方向，逆时针旋转 15°，手臂则继续顺时针转动。i 为身体转回中立状态并将继续逆时针转动，两臂处于顺时针转动的末尾，撞击身体。

一旦你熟练掌握了水平面运动的正确节奏（这是最简单的），那么你应该努力将其应用于冠状面和矢状面的运动。

提高抗击打能力

获得身体特定区域抗击打能力（受到击打而不受伤的能力）的训练方法之一就是反复击打该区域。

20世纪70年代末，我在陈至诚的指导下接受过这样的训练。陈至诚以超强的抗击打能力而闻名，他会定期邀请他的学生和其他武术家用全力击打他。郑大师在纽约的资深学生卢·克莱因史密斯（Lou Kleinsmith）说："击打陈至诚就像撞到了一个卡车轮胎上。"陈至诚从未表现出被击打而受伤的迹象。

另外一个以抗击打而闻名的武术家是王树金（1904—1981）。第一个击打王树金腹部的人好像是罗伯特·史密斯（Robert Smith）（1926—2011）。据说王树金曾邀请乔·路易斯（Joe Louis）[1]用全力击打他，但路易斯拒绝了，说他不想失手把王树金打死。

如果你轻轻击打一个抗击打能力强的人，你会感觉到他的受过训练的身体部位会很有弹性。而没有受过抗击打训练的人通常没有这样的反应。

出现这种反应的潜在机制是身体组织在遭到反复击打后能"学会"在被击中时扩张和凝固。这种扩张和凝固可能是由生物压电效应导致的。压电效应是指某些材料在受到压力时会产生电压。人们发现，由蛋白质、核酸和糖胺聚糖组成的人体结构元素能够将机械能转为电流。

经过反复的训练，这种遭到击打后产生的压电效应可能会越来越有效地将身体组织内部和周围的水变成凝胶状（见第二章），从而保护身体在遭到强力打击后免受伤害。

---

[1] 美国著名重量级拳王，"世界十大拳王"之一。——译者注

培养发劲

在自卫时，小幅度的统一运动会产生一个在身体中传导的波浪，波浪传至手臂后会导致更大的、放松的、爆发性的运动，最后以一种将整个身体的力量作为一个整体击出的形式结束。相对于从外部发出的力量，从内部发起的劲力被对手观察到的可能性要小得多。内劲源于脚，发于腿，主宰于腰，形于手指。这也是太极拳柔中暗藏力量的原因。

陈式太极拳特别强调发劲或释放能量，以在自卫时用于击打对手。陈式太极拳是最古老的太极拳流派，它最初的风格是柔和与爆发交替存在。大多数杨式太极拳的练习者没有学会发劲，这可能与太极拳的秘传有关。

发 放

发放是一个动作，它先使对手失去平衡，然后用最小的力量将其发出。为了达到这个效果，发放时需要精确掌握抵消力的时机和发放的方向。需要注意的是，郑曼青将其位于纽约市鲍威里87号的太极拳学校命名为"时中拳社"。"时中"（图11-8）这个词意味着适当的时机、位置和方向。

在对手（或推手练习搭档）对你施加力或你对他施加力之后，就可以开始发放了。无论是哪种情况，你都要先抵消这个力，这意味着你要通过明智的移动来减小这个力。由此而造成的压力突然减小会导致对手在继续移动的过程中瞬间失衡。为了恢复身体平衡，对手不得不用前脚的脚掌和脚趾按压地面，以使其身体向后移动。

正确的发放时机是在你的对手用力按压前脚以避免向前摔倒的时刻。我们的练习目标就是能够感受到那个时刻，然后加上你的推力，

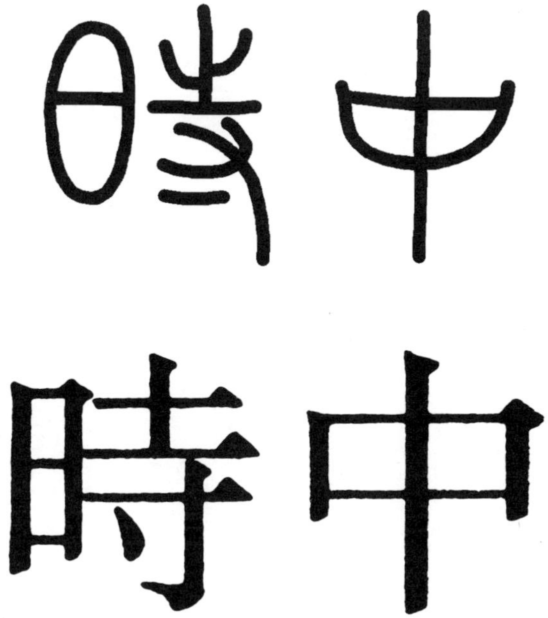

图 11-8 郑曼青大师将他的太极拳学校命名为"时中拳社"

推动你的对手向后移动。如果你推的时机太晚，你的对手就会很快恢复身体平衡；如果你推的时机过早，你的对手还没有完全失衡，他就能够重新稳固下来。

第十二章 其他物理学概念

约束

这里所指的约束，是预先确定一个物理系统特定交互运动的一个条件或一组条件。如约束一颗珠子只能在一条直线上移动，也可以绕该直线旋转；吊扇的叶片只能围绕一个固定的垂直轴旋转，不能做其他的运动。

图 12-1 展示了一把螺丝刀。用一只手握住螺丝刀的手柄向下压，另一只手握住带有滚花的、可自由旋转的套筒时，固定螺丝刀刀头的制动片将限制螺丝刀刀口只能顺时针旋转。将制动片拨向手柄时，螺丝刀钢轴上纵横交错的螺旋状凹槽将限制螺丝刀刀头只能逆时针旋转，从而达到拧下螺丝的目的。将制动片拨至中间位置时，可以防止螺丝刀刀头转动。

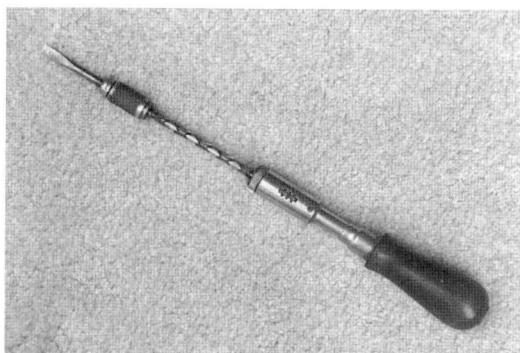

图 12-1 螺丝刀

还有一个例子，一个车轮在倾斜轨道上滚动但不打滑，它的约束条件是其中心沿着一条平行于倾斜轨道的线移动。车轮每旋转一周，它向前运动的距离就等于它的周长（我们将在后面对此进行阐释）。其他关于约束的例子还有很多。

此外，通过约束身体中的一条线只能围绕支点转动，我们就可以在三维空间的任何方向上创造一个杠杆，以用于稳固下盘，如实践 8-1 中所描述的那样。

有一个日常生活中关于约束的例子。

我在看牙医，他拿着一面小圆镜放进我嘴里，使其位于脸颊和一颗臼齿之间。他没有改变镜子的位置，而是转动自己的身体，以便从不同角度查看臼齿，同时用另一只手去拿牙科工具。如果他没有约束自己的手，没有使镜子一直处于同一个位置，那么这面小镜子就有可能对我嘴里的软组织造成伤害。

太极拳动作中的约束

将约束的概念应用于太极拳中的某些动作是很有用的，主要目的是尽可能少地使用力量，最大限度地由自然效应来完成动作。这些自然效应包括力学对线、重力、动量、角动量、惯性、离心效应，以及"身体弹簧"的压缩和拉伸（身体组织的弹性）等。当然，如果动作完全没有主动的意识（意），它也就不像太极拳的动作了。

无为的原则对太极拳来说非常重要，所以要利用约束条件来实现自然效应，而不是通过使用肌肉收缩力、依据预先设想的时机和姿势来完成动作。虽然这种预先设想也来源于意（动作中的意念），但没有起到意的作用。与之相反，应该将意、无为原则和对身体自然感觉的感知适当地结合起来。

重要的是，你要知道自己使用了多大的力量完成了一个动作、你完成这个动作的方式，以及自然力量在多大程度上参与其中。否则，你无法自然地、最高效地完成动作。

太极拳动作中有关约束的例子

在左掤的动作中，当右手上升然后下降时，你可以想象由于身体的转动，手腕在一个垂直的槽中或在一条垂直的钢丝上向上滑动，然后在同一个垂直的槽中或一条垂直的钢丝上向下移动。左臂以类似的方式在一个圆形的槽内向上和向外画弧线。这个动作是由身体的移动和转动，以及扩张力相结合完成的。

虽然想象一个槽或一条钢丝对完成动作有价值，但你应该认识到这个价值是有限的和短暂的（见第十五章中的相关内容）。

自卫防身中的约束作用

约束和自然运动在自卫防身方面是非常重要的。当对手试图接触你的身体时，你不能让他察觉到你在试图阻挠他。一旦你去对抗对手的动作，如进行格挡，他就会立即得到警讯，并开始加大他的力量，改变他原来的动作。这种变化会使你之前所获得的关于他攻击的信息变得毫无价值，因为现在一切都发生了改变。

相反，如果你能够让对手觉得他已经成功地达到了他的目的，他就会变得过于自信，并且可能会想："我击中了他。"然后，他身体的伸展就会过度，并因此变得更加容易受到攻击。所以，你对他的攻击的反应必须以一种微妙的方式演变，这种方式基于一系列精妙的约束。这些约束可以引导他完成攻击，而且使该攻击对你来说变得很安全，因为你把他的攻击线适当地移开了。

● 实践 12-1

对手走上前试图抓住你的脖子。假设他用的是右手，通常情况下，当他的右手接近你时，你用右手手腕外侧（从左向右）拦截他的手腕，接触他的手腕后一直跟随，同时左脚退后一步，并将身体重心后移至左腿。这里的约束是指，你的身体即使向左移动，你的右手仍然会引导他的右手进行直线攻击，所以他的右手最终会错过你的脖子。你做动作的时机至关重要。如果你移动得过早，你的对手就会改变他的动作和攻击方向；如果你移动得过晚，你的对手就会抓住你的脖子。

在现实情况下，移动的合适时机不是当对手有"我要抓住他"的想法时，而是当他有"我已经抓住他了"的想法时，这时，对手的关注点是在未来，这意味着他对现在的关注已经是过去时了，所以他变得更加容易受到攻击。

● 实践 12-2

对手向前一步抓住了你的右手手腕。假设他用的是右手，请你分别尝试以下两种情况。

最坏的情况：当他抓住你时，你没有动。你在做其他动作之前，先用左手的手掌轻轻盖住他的右手。这样做可以防止他意外地松开你的右手手腕，并用那只手击打你。接下来，你的右脚向斜后方退一步，边退步边向右转身。这个动作将引动对手失去稳定和平衡，即迫使他离开连接他两脚中心点的直线。与此同时，你的身体在移动和转动，你的左手一直盖住他的右手（约束），之后你的右手向外旋转，从而打开他右手拇指和食指之间的"门"——现在你的右手自由了。

更高层次的情况：当他抓住你时，你移动了。在你学会处理最坏的情况之后，当他抓住你时，移动身体会让你更容易逃脱。当对手伸手去抓你的手腕时，你就开始后退，引动他失去稳定和平衡。现在，当你使用之前的方法时，除了他抓住你手腕的力会变得更弱甚至消失，其他都是一样的。至关重要的是，即使你们没有其他部位的身体接触，你的手腕和他的手的连接也不要断开。

不打滑地滚动

当一个车轮在滚动且不打滑时，它每次绕中心滚动一圈的长度就等于车轮的周长。你要了解这种关系的话，可以想象车轮外包裹着薄的双面胶带在滚动，双面胶带完成一次完整的滚动在地面粘贴的长度就等于其周长（图 12-2）。

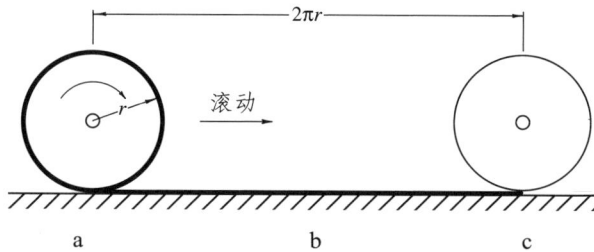

图 12-2　一个半径为 r 的车轮在不打滑的情况下滚动一周所产生的位移。a. 包有一圈双面胶带的车轮（图示的胶带厚度可能有些夸张）。b. 车轮滚动时，胶带脱离车轮并粘在地上。c. 在车轮滚动了 360° 后，车轮上的胶带完全脱离并粘贴在地上。a 和 c 两个车轮中心之间的距离是车轮的周长（$2\pi r$）

在太极拳套路的许多招式中，身体的最后一个转身都会伴随一个或两个手腕的同时旋转，如单鞭、白鹤亮翅、如封似闭、斜飞式。这一动作的作用与健身气功的能量学说、在自卫防身中的应用都是相吻合的。

从健身气功的角度而言，当通过释放收缩力、扩张力、压缩力来完成从一种平衡到另一种平衡的旋转时，经络会被有益地激活。

在自卫防身方面，太极拳套路不是让你去阻挡对手、迫使其攻击停下来并重新组织一次新的攻击，而是让你去限制他并令他在其攻击线上向前"滚动"，而你则安全地避开他的攻击线。在你使对手在其攻击方向上向前"滚动"时，他会移动得比他最初预期的更远，从而导致他失去平衡而变得易受到攻击。对手在攻击线上向前"滚动"的动作还可以让你有机会更接近他的身体。

要想最大限度地发挥这种自卫的效力，需要具备以下要素：①尽量减少你对对手施加的力量，让他觉得自己正在完成他的目标（你阻止他的动作会让他意识到他已经被你引导）；②适时、适度地离开或转移对手的攻击线；③适当地调节你的手臂和躯干旋转的时机和角度；④尽量减小你的躯干和手臂的动作幅度（知道何时去化解攻击，不要超前）。这些要素将在第十三章和第十四章中做进一步讨论。

在推手和套路动作中不打滑地滚动

在推手练习中，你在化解搭档的推力时需要移动和转身。你的搭档应该觉得，是他的推动使你移动，而不是你自己主动移动的。这种感觉就像是推动一个球形的物体，它被推动后很容易发生移动和转动（就像一根漂浮在水中的圆木）。你所要做的就是，尽可能地放松你的臀部、踝关节和膝关节，这样你的身体就可以自由地移动。当然，这是该动作的阴的方面。所对应的阳就是去感觉在你的搭档没有意识到的情况下，你的转身是如何主动地使他偏离你的中心并且走得更远的。

相反，如果你使用眼睛和分析性的思维来转身或做其他动作，技术精湛的搭档就会察觉你的意图，他会根据从你身上得到的信息来定位你的中心及你内在的张力。这些信息足够他将你"连根拔起"了。

◯ 实践 12-3

这个推手实践练习需要一个搭档。当搭档推你时（故意稍微偏离你的中心），你调整好自己的身体，使他推你时就如同推一个无生命的物体。你应该让搭档完全感觉不到你要做些什么。然后你和搭档互换角色。

接下来，当搭档推你时（再次故意稍微偏离你的中心），你有意地移动自己的身体，主动地转身试图将他的推力移走。搭档现在应该能够感觉到你正在用分析性的思维来努力避免被推倒。然后你和搭档互换角色。

● 实践 12-4

重复实践 12-3。这一次，你在柔和地化解搭档的推力时，做最小幅度的移动和转身。在这个过程中，你可以与搭档进行口头交流，以确认你的化解是成功的，并且确认你的动作幅度是最小的。

太极拳以手带腰是说手腕的转动与腰部的转动要呼应，这样会增强腰部的转动。这种动作的原理和特性与传送带滚筒的原理和特性相似，就是那种将一箱箱货物从送货卡车运到超市仓库的滚筒。在推手中，当手腕的旋转与迎面而来的推的动作相匹配时，你不需要转动身体就可"滚开"对手或搭档的推力。同样，如果手腕旋转一圈，就会多出一个手腕周长的移动距离，也可以用于化力。

● 实践 12-5

如果可能的话，你可以找一个搭档和一个观察者。开始时，你伸出一只手，掌心朝向你自己。搭档用他的手掌接触你的手腕背面。当搭档推你时，你只转身而不转动手腕，让观察者观察搭档的手相对于推你时偏移了多少。实际上，你不用转动手腕，只需转身，搭档的手发生偏转的角度与你身体转动的角度一样。

接下来重复上述动作，你像之前一样转动身体，但这一次同时主动地旋转你的手腕，使拇指向下。所以，现在除了身体的转动外，还增加了手腕的旋转。然后你让观察者观察搭档的手和身体偏转了多少。

● 实践 12-6

做一些太极拳套路的动作，当你移动时注意手腕的旋转。诸如揽雀尾、白鹤亮翅、抱虎归山和斜飞式等，其手腕滚动的动作与它们在自卫防身方面的应用相一致。事实上，手腕滚动的方向有助于揭示每个动作的应用。根据手腕滚动的方向，手腕的旋转或者会使对手的攻击偏离你，或者会帮助你的攻击进入对手的空间。然后你让观察者观察搭档的手和身体偏转了多少。

第十三章 对郑曼青揭示的
太极拳秘传的理解

多年来，我一直在反复阅读郑曼青大师的《郑子太极拳十三篇》。我认为这本书的大部分内容都很有价值。然而，尽管我是物理学博士，但我还是很难理解该书中第七篇"劲与物理"的内容。在第七篇的结尾，郑大师说：

……且此篇之作，对于历来太极拳家所谓秘传，则已泄露无遗。幸学者三致意焉。

郑大师显然认为，讲述了化解原理的这一篇非常重要，并选用物理学作为主要的说明工具。

有趣的是，陈炎林大师（1906—1980）的一本书中也有一个类似的关于太极拳与物理学的部分。

因为我无法理解这部分内容，所以我觉得掌握两位大师思路的唯一方法就是用我自己的话来重新表述。接下来的努力非常富有成效，并且极大地拓展了我对化解的理解。

基本概念

圆度和扩张性

身体（躯干和四肢）外表面的每个点都必须具有一种扩张性的、球体的特性。有了这种特性，对手会感觉你就像是一个无法穿透的球体表面。

球体的性质是球体上每个点的表面都与该点连接的半径相垂直。

经验丰富的对手会自动尝试与你身体的一部分进行接触，并试图通过这个接触点找到一条直达你的中心的线。所以你必须移动和转身，以便使这个接触点与球面形成一定的角度。然而，当你身体的任何部位向对手施加力时，这个力的方向始终会从你的身体中心向外径向发出。

关于造成这些情况的原因，将在本章后面进行解释。

三角形

把身体变成一个球体是一项不可能完成的任务。然而，重要的是我们要认识到对手只会在某个时间点与我们的身体进行接触，因此，我们仅在接触点上模拟一个球体就足够了。

如前所述，你在接触点向对手施加的任何力都一定是从你的身体中心向外径向发到该点的，并且每个接触点的身体表面都一定垂直于连接你的中心和该点的线（图 13-1）。

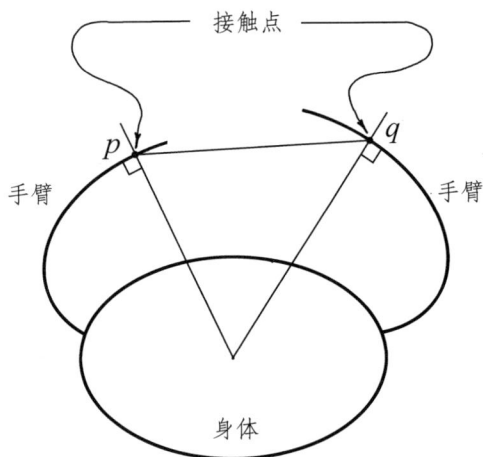

图 13-1　示意图中的椭圆形描述的是身体。两个手臂在 p 和 q 两点拦截对手的力量。两条弧线代表两只手臂，对手会感觉与你的每个接触点都像是碰在一个不可穿透的球体的表面上

如果有 2 个接触点，则会有 2 条线，每条线都会有一个接触点连

接你的中心。如果有 3 个接触点，那么就会有 3 条线，以此类推。如果画一条线，将任意 2 个接触点连接起来，那么就会形成一个三角形，而两个接触点连线所对应的顶点就是身体的中心。当身体围绕自己的中心转动时，这个三角形也在转动。

注意：图 13-1 为二维图示，只显示了每只手臂围绕垂直于页面的轴线旋转。在实际应用刚才所讨论的圆度和扩张性原理时，手臂还必须围绕其自身轴线适当旋转。两种方式的旋转对接触点表面的调整，对于在任何方向上进行三维的偏转、化解对手的攻击都是非常必要的。

牛顿第三运动定律

通过控制你对对手施加的力，你就能控制他对你施加的力。

根据牛顿第三运动定律，如果物体 A 对物体 B 施加一个力，则 B 会对 A 施加一个大小相等、方向相反的力（图 5-1）。这两种力被称为作用力和反作用力。因此，当有人用他的手对你的身体施加一个力时，在你做任何动作之前，你的身体会自动向他的手施加一个力，这个力的大小与他的手对你身体施加的力完全相等，但方向相反。同样，当你的手对他的身体施加一个力时，会有两个力发挥作用，一个是你的手对他的身体施加的力，另一个是他的身体施加在你手上的大小相等、方向相反的力。我们将展示如何利用作用力和反作用力的相互作用来控制和化解他人对你施加的力。

化解

转移攻击线

在分析化解的转身因素之前，我们先考虑一下以 70-30 姿势站立时，移动身体重心带来的影响（图 13-2）。

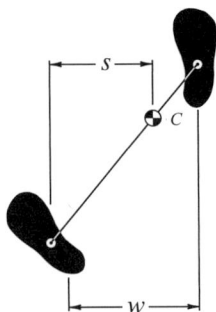

图 13-2　以 70-30 姿势站立。当前脚承担的 70% 的身体重量全部转移到后脚时，身体的重心在地面的投影会移到后脚中心点上方的一个位置，对应的侧向位移距离 s 大约为肩宽 w 的 80%

在定步推手练习中，唯一能使你离开对方攻击线的方法就是转移你的重心（在活步推手或实战中，还可以通过步法来实现）。当你将身体重量的 70% 放在前脚上时，你的重心在地面的投影位于从你的后脚中心点到你的前脚中心点连线的 70% 处。当你将身体重心 100% 转移到后脚上时，你的重心在地面的投影将沿着连接两脚中心点的直线移动到后脚中心点的位置。

从图 13-2 中可以看出，以 70-30 姿势站立时，当前脚承担的 70% 的身体重量全部转移到后脚时，身体的重心在地面的投影 C 会移到后脚中心点上方的一个位置，对应的侧向位移距离 s 大约为肩宽 w 的 80%。

这一分析说明了在以 70-30 的姿势站立时，两脚之间保持足够的宽度是如此重要的原因，如果宽度不足，化解就会受到阻碍。当然，足够的宽度对于实现稳定性和灵活性也很重要。

在自卫防身的情况下，你很可能会需要离开对手的攻击线。

结论：在你以 70-30 的姿势站立时，当你身体的中心遭到攻击后，只要向后移动重心，你就会自动使身体的中心偏离对方的攻击线，以避免攻击到达你的身体。在自卫防身的情况下，你很可能会需要离开对手的攻击线。

转身

一般来说，对手攻击你时施加在你身上的力有两个组成部分：一个是直接指向你身体中心的径向分量；另一个是由摩擦力产生的切向分量。由于你要让对手觉得他是在接触一个能够自由旋转的球体，所以摩擦力仅限于使球体（你的身体）旋转。你的身体的转动越自由，所需要的摩擦力就越小。因此，即使攻击线不是直接朝向你的身体中心，对手施加在你身上的主要力量也基本上都朝向你的身体中心（图 13-3）。

根据牛顿第三运动定律，你的身体施加给对手的力与他对你施加的力的大小相等、方向完全相反。因为对手的力会指向你的中心，你对他施加的反作用力会从你的中心径向向外，直接朝向他的中心。

在图 13-3 中，对方的攻击线偏离了你的中心不是因为他想要如此，而是因为你通过转身或迈步使它偏离了此前的位置。

接下来，我们将使用基础物理学知识来说明化解的原理，以及在什么条件下可以使用最小的力来化解对手的攻击力。

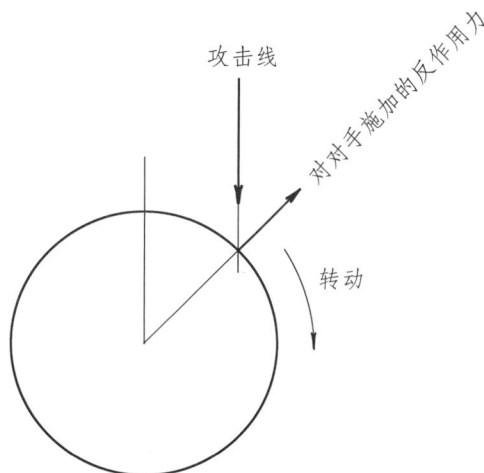

图 13-3　攻击你身体的力量有两个相互垂直的组成部分：一个是指向你身体中心的径向分量；另一个是与身体（球体）的表面相切的切向分量。图中没有显示切向分量，因为如果你的身体可以自由转动，这个力就可以忽略不计

为什么正面对抗强大的攻击是无用的

如果对手的攻击线直接指向你身体的中心，而你允许它保持这样，那么他施加给你的力，只能被从你的中心向外径向对他施加的大小相等、方向相反的力来抵消。以这种方式来对抗强大的攻击可能需要比你本身拥有的更大的力，并可能导致你受伤。即使你足够强壮，进行这样的防御也是无效的，因为它会干扰并阻止对手继续完成这个进攻动作。

用郑大师的话来说："当对手的力量像一条奔腾的大河一样向我们冲来时，我们的防御是什么？如果我们试图正面对抗这股力量，那就像试图去熔化铁一样，毫无用处。"

在太极拳中，我们的目标是使用最小的力以免干扰对手完成他的动作，这就需要你偏转对手的攻击线（图 13-3）或利用步法让自己的身体中心离开对手的攻击线。然后，进行化解的力将以一定角度作用于来袭的攻击动量。

你的中心离攻击线越远：①攻击线和你的中心到接触点的线之间的角度就越接近 90°；②化解攻击所需的偏转力就越小；③攻击者在大小和方向上变化自己的攻击动量的可能性就越小。

关于"来袭的攻击力"的错误观念

"四两拨千斤"的意思是，一个非常强大的攻击力可以被一个非常小的力量所偏转。

虽然它的概念非常重要，但它的措辞[1]在物理学的解释中让人产生了误解，因为它不符合牛顿第三运动定律，即如果 A 对 B 施加一个力，那么 B 必然会对 A 施加一个大小相等、方向相反的力。所以，如果有一个 1000 N 的力，它施加在某物（或某人）身上，那么某物（或某人）一定会返还一个 1000 N 的力。

---

① 这里指的是英文的措辞。——译者注

但是，不要以这种可能对自己造成伤害的方式与对手交手，因为你的目标是向对手施加最小的力量并让他的攻击偏离你的身体。向对手施加最小的力意味着你不需要使用太大的力。这也意味着，根据牛顿第三运动定律，他也将对你产生最小的反作用力，从而减少你受伤的机会。你最小限度地干扰对手完成自己的动作意味着他会觉得自己并没有受到阻碍，可以继续完成动作，由此更有可能失去平衡。然后，他要么摔倒，要么后退。如果他往后退，你就可以很容易地顺势将他推倒并击打他。

从物理学上讲，用"来袭的攻击力"这个短语来描述对手的攻击力是完全不正确的。因此，用这些术语来分析化解也是不正确的。也许对手打算对你施加一个 1000 N 的力，但你的布局使他根本无法做到这一点。

虽然"来袭的攻击力"这个短语并不是很恰当，但我们确实需要讨论一下防守方发出的力，以便了解使攻击力最小化的条件。在接下来的内容中，我们将根据攻击方的动量和防守方的力量这两个方面来分析攻击和防守。

用最小的力化解

在《郑子太极拳十三篇》的第七篇"劲与物理"中，郑曼青大师谈到了用"无施"来偏转攻击，这可以解释为，将力量降低到绝对最小值（无为）。我的分析将采用与陈炎林使用的图类似的图。但是"来袭的攻击力"将用更为恰当的术语"进攻的动量"替代。

严密的分析应考虑到化解力会随着身体的转动而改变方向。对一个变化的力的作用的分析需要使用矢量微积分，这就超出了本文分析的范围，因此，我假设化解力在其方向上是恒定的，以便简化分析。这种简化所造成的误差不会对得出的结论产生质的影响。

因为化解力的方向是决定其大小和有效性的主要因素，所以我的分析必须用有方向的量（从而排除了对无方向的能量的处理）。动量和力是既有大小又有方向的量，这样的量叫作矢量。

说明： 斜体黑体字表示矢量（如 F），斜体字表示矢量的大小（如 F）。

由于我的分析需要添加矢量，如果有需要，请参阅附录 1 中的方法。

分析

接下来，我们将使用矢量加法来分析攻击动量是如何被偏转的。这种偏转是指将攻击动量从防守者的中心线向外偏转不同的位移。这个分析将揭示使用最小的力进行化解的条件。

动量 P 被定义为质量乘以速度，是一个矢量，因为速度是有方向的。让我们假设对手的初始动量是 P_i，而对手的最终动量是 P_f。我们把防守者的身体描绘成一个圆，这是一个球体的横截面。物理学中有一个原理是，动量 P_f-P_i 的变化等于平均力 F 乘以 F 作用的时间 t。数学方程式表达如下：

$$P_f-P_i= F \cdot t \qquad （公式 1）$$

力有大小和方向，因此必须作为一个矢量来处理。如前所述，从旋转球体径向向外发出的力的大小和方向都会发生变化。所以，为了简化问题，我们在这里假设这个力保持不变。这个力的结果是改变了进攻动量的方向，使其与球体相切（偏离身体）。

从公式 1 可以看出，如果动作的时间延长，且对手的动量 P_f-P_i 的变化保持得很小，那么用于偏转对手攻击的动量的力就会被最小化，即传说中的可"拨千斤"的那个"四两"的力量。只要一个小的侧向偏转，就足以使对手的攻击动量偏离你的身体。

改变公式 1，得到：

$$P_f=P_i+F \cdot t$$

上述矢量方程式的应用见图 13-4，计算偏移攻击动量，使其从防守者的身体中心产生不同位移所需的力。

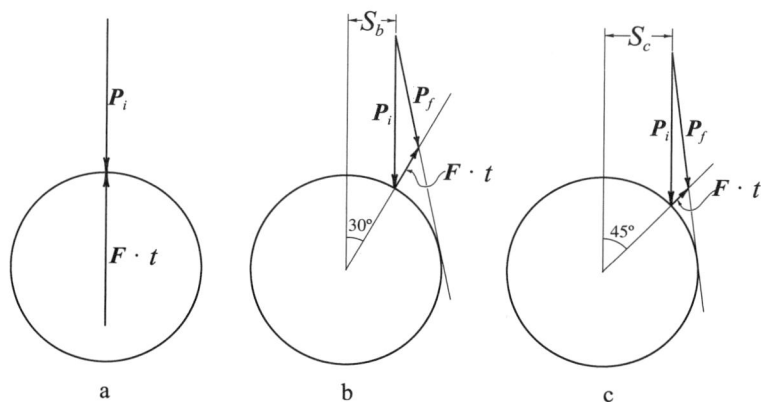

图 13-4　a. P_i 是径向向内的攻击动量，$F \cdot t$ 等于 P_i 且与 P_i 方向相反，而 P_f 为 0。b. 防守者的身体中心向左偏移了 S_b，P_i 与从中心到接触点的连线呈 30° 角；P_f 与圆相切，大小比 P_i 小，而 $F \cdot t$ 的大小比 P_i 小得多。c. 防守者的身体中心因向左偏移了 S_c，P_i 与半径呈 45° 角，因此直线 $F \cdot t$ 与直线 P_i 呈 45° 角；P_f 与圆相切，大小比 P_i 略小，而 $F \cdot t$ 的大小要比 P_i 与半径呈 30° 角时还要小

结论：参照图 13-4，当 P_i 与半径的夹角接近 90° 时，$F \cdot t$ 的大小接近于 0，P_f 的大小接近 P_i。因此，你将身体中心偏移对手的攻击线越远，所需的偏转力就越小，对手攻击动量的变化就越小。另外，你施力的时间 t 越长，你需要的力就越小。

因此，你不会受到伤害，你使用最小的力，而对手的动作几乎没有变化，这就破坏了他的平衡。

你的偏转力应该从你的中心径向向外发出的原因

现在可以解释在化解时，你的力必须从你的中心径向向外发出的原因了。

想象一下，你要向对手施加一个切向分量的力。从图 13-4b 可以看出，你将与对手攻击来的动量相互作用，使他不再觉得自己接触的是一个自由旋转的球体，而是一个需要增加力量才能转动的球体。这种阻力可能会引起对手的警觉，从而使他改变自己的攻击。

接下来,再想象一下,你不是从你的中心径向向外对你的对手施力,而是增加一个在远离对手方向上的切向分量的力。从图13-4b可以看出,其效果是该力将与对手的攻击动量相互作用,使他不再感到自己是在接触一个自由旋转的球体,而是一个转得更快并能够拉动他的球体。拉对手虽然是一种很有价值的战术,但只有在对手的攻击被化解后才能有效地实施。同样,对手很可能会因这种不一致的旋转速度而警醒,从而改变其原有的攻击。

因此,要想成功地化解对手的攻击,就需要你从中心径向向外施力。在任何其他方向增加力的分量都会产生反作用或者浪费力量。

接下来考虑一下,当你呈现给对手的表面不垂直于从你的身体中心到该表面的直线时会发生什么。

在这种情况下,该表面会自动施加一个不是从你的身体中心径向向外发出的力。减小这种力的唯一方法是将这个表面回撤,而不是转动你的身体。其结果就是,对手可以跟随你的回撤最终击中你。你不但没有达到化解的目的,甚至没有成功地躲开攻击。这个分析说明在你与对手接触的那个点上,保持你的身体表面与从你的中心到该接触点的直线垂直很重要。

攻击

你的攻击必须是直接从你的身体中心到对手的身体中心。

如果你的攻击不是从你的身体中心发出,那么反作用力将导致你身体旋转,从而消耗你攻击的能量。此外,如果你的攻击不对着对手的身体中心,则将导致对手身体旋转,从而削弱你攻击的力量。所以,在攻击前建立一条从你的身体中心到对手身体中心的直线是非常重要的。

陈炎林的抵御攻击的方法

陈炎林是杨澄甫的入门弟子①。

在陈炎林关于太极拳的著作中，有一个章节为"太极与动力学"。在那一章中，陈炎林分析了几个案例，都是假设攻击者以 534N 的力攻击防守者的身体中心，防守者都从身体中心径向向外发放 267N 的力，与攻击的方向形成一个特定的角度来打击攻击者。图 13-5 和图 13-6 描述了陈炎林的著作中所示案例中的两个。

陈炎林认为，如果防守者的攻击时机正确，会使攻击者的攻击线方向发生侧向偏移，从而破坏其平衡。之后，攻击者即可被击伤，或在被削弱的状态下容易被击伤。

虽然陈炎林的分析在物理学上似乎有些不合理的地方，但其思路是有价值的，绝对值得参考。

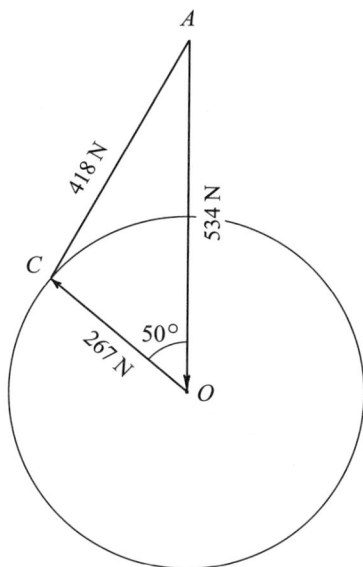

图 13-5　陈炎林著作中的示意图，其中 AO 是攻击者施加的 534 N 的攻击力，OC 是防守者从进攻线转动 50° 后施加的 267 N 的力。结果显示，攻击者现在的攻击力只有418 N，而且在一个非其所愿的方向

①有文献称，陈炎林是杨澄甫弟子田兆麟的弟子。——译者注

如果从进攻线转动的角度大于90°（图13-6），那么防守者的力就会把攻击者拉向一边，使其身体失去平衡，并增加他动作的幅度。

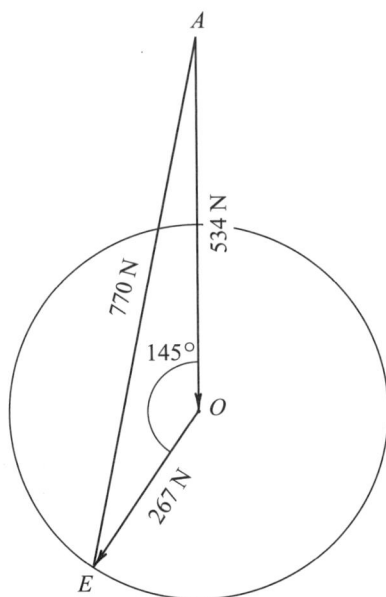

图13-6　陈炎林著作中的示意图，其中 AO 是攻击者施加的 534 N 的攻击力，OE 是防守者施加的 267 N 的力。结果显示，攻击者现在的攻击力为 770 N，而且在一个非其所愿的方向

图13-5 和图13-6 中的不合理之处在于，攻击者和防守者的力量在数量、大小上是不相等的，而且它们的方向也并不相反，从而违反了牛顿第三运动定律。也就是说，攻击者施加的任何力必须与防守者施加的力的大小相同，而且方向相反。同时，不可能有一个不会受到反作用力的力。此外，只有作用在同一物体上的力相加才有意义，而在图中却不是这样。

对陈炎林的防御攻击分析的修正

以下是对陈炎林书中分析的修正，以使其符合牛顿第三运动定律。

攻击者为了给防守者施加 534 N 的攻击力，必须在撞击的瞬间调整他的身体以保持平衡。在他攻击成功的瞬间，防守者会对他施加一个 534 N 的反作用力。为了使他的身体在那一刻处于平衡状态，他必须同时向后对地面施力，并获得一个 534 N 的反作用力，这个反作用力是相对于他向前攻击后获得的 534 N 的反作用力的平衡力。如果防守者在他预期的攻击时刻用一个与他的攻击线方向成一定角度的 267 N 的力来回击他，这个力将作用到地面对他施加的 534 N 的向前的平衡力上。然后，所产生的合力将处在一个新的方向上，而且没有任何东西来平衡它，因为攻击者未能击中防守者。因此，攻击者将失去身体平衡并跌倒，或者被防守者击伤。

综上所述，图 13-5 中所示的所有力都作用在攻击者身上。他身上最终所受的合力为 418 N，方向应该为从 A 指向 C（陈炎林著作中的图上没有显示 418 N 这个力的方向）。对图 13-6 的修正方法与此类似。

陈炎林的思路是对对手施加干扰性和可能的破坏性力量，而不是向旁边偏移以使对手的攻击落空，这是陈炎林提到的面对攻击时的另一个选择。

总结

我在 20 世纪 70 年代初跟随郑曼青学习太极拳时，他非常重视推手练习中化解的重要性。他认为，我们在学会化解之前不应该动用任何力量去硬推彼此。否则的话，被推的人就会有更大的机会成功学会化解。当时，我们中很少有人能够做到化解。郑大师去世多年后，他在 1946 年用中文写的《郑子太极拳十三篇》才被翻译成英文。我相信，如果这本书在郑大师在世时就有英文版本，关于第七章，我们会有很多的问题要问他。我们可能会在学习化解方面取得更快的进步。

有趣的是，杨澄甫的两名弟子郑曼青和陈炎林都认为，物理学是解释化解的有用工具。为了掌握太极拳艺术，只凭直觉进行多年的练习，当然也是很有价值的。然而，使用各种工具（在这里是指物理学）能让一些人的领悟速度加快一些，也能让人区分出专业人士和只懂皮毛的人。

第十四章 无为、有为和“手非手”

无为

无为是太极拳的一个可能会让人感到困惑的原则。无为是指在做某个动作时，要顺其自然，不要带有任何目的，也无须迫使自己必须将某个目标完成。相比之下，专注当下则意味着在任何动作中，内心都要完全地、恰当地参与到当前的动作之中，不因过去或未来分心。尽管无为和专注当下看起来互不相关，但这两个原则是相似和互补的。

人们可能会想，如果没有目的，没有完成目标的意图，没有对过去的回顾和对未来的预测，怎么可能完成你要做的事情？在自卫防身的情况下起码要有取得胜利的意图，并以训练出来的正确时机和技能采取行动，意识到未来的各种可能性，再权衡未来的可能性与之前已经发生的情况。

了解意识和潜意识之间的一些区别会很有用。当意识的感知功能被思考如何获胜所破坏，或在某一情境中专注于对所有未来的可能性时，潜意识就会包含这一切。意识只是通过感官的感受来增强潜意识正在完成的事情。

理解无为和专注当下的关键是要明白动作主要是由潜意识所引导的。也就是说，通过正确的训练和反复的练习，你不需要产生有意识的意图，也不需要有意识地关注过去或未来，因为你的潜意识会去解决这些问题。

当你的意识试图去处理和解决接下来发生的事情时，这件事情并不是发生在当下，而是可能在未来的某一时刻发生。当你的意识进入

185

未来那个时刻时，你所处的现在就相当于它的过去了，你的现在就被意识置于脑后。这个局面会对你不利，你会落在后面，从而把胜利拱手相让。此外，当你的意识去处理接下来要发生的事情时，它就在篡夺你的潜意识的角色，但是它又没有能力，也无法及时地履行这个角色的职能，因为这个角色涉及太多的行动和对过去、未来的权衡。

因此，按照无为和专注当下的原则，意识只要对情况的发展进行适当的监督即可。

此外，当你在身体对抗中有意识地想要做某事时，对手就会很容易地获得你的这个意图并利用它，使它转化为他的优势。当你的意识暂时从当下转移至未来时，一个受过训练的对手也可以立即捕捉到这一点，并立即使它成为他的优势。

意图的心理传递

内家拳有一个基本观点，即一个经验丰富的对手可以"读懂"你的意图，进而提前做好阻挠你进攻或防御的准备。经过训练，一旦两个人之间有了某种联系，即使没有任何传统意义上的感官感觉（视觉、听觉、触觉等），其中一个人就可以直接读懂另一个人的意图。

我和凯文·哈林顿、迈克尔·德马约（Michael DeMaio）一起学习过忍术（Ninjutsu）。忍术是一种日本格斗艺术，它的原则与太极拳有很多共同之处。在这门艺术中，意图伤害他人的心理投射被称为杀气（Sakki），就是杀手的杀人意图（见图 14-1 中的字，并与图 14-2 中的字进行比较）。忍者训练的一个重要部分就是感知杀气和提高对之做出反应的能力。忍者的训练目标是通过在正确的时刻移动到安全的地方来保护自己免受他人的攻击，即使在还没看到攻击者的时候。

殺気

图 14-1 单词 Sakki 的日文汉字。左边的字意思是"杀",右边的字与汉字中的"气"相似。Sakki 指的是杀手的意图

氣

图 14-2 中国汉字"气"的繁体。下半部分"米"在图 14-1 中被简化为"乂"

下面这句话是太极拳的经典论述。这句话看似矛盾,它可能是指熟练的练习者具有能感觉到对手攻击意图的能力。

彼不动,己不动;彼微动,己先动。

——武禹襄

在大多数自卫情况下,"不要有意图"很重要。当然,也可以主动利用意图来使对手停住不动、受到惊吓或分散对手的注意力,赢得可令自己逃到安全位置的时间,或令他移动到一个你能更有利地攻击他的位置。忍者训练会有目的地感知他人的意图,并学习如何正确地利用他人的意图。

学习感知杀气

● 实践 14-1

两个人一起进行如下练习，以感受和应对杀气的最基本要素。A（扮演攻击者）持一把不会导致损伤的模型刀站在 B 身后，然后 A 想象着用他的刀砍 B。为了使想象中的攻击变得真实，尽管 A 不会真的对 B 造成伤害，但必须有伤害 B 的意图。当 B 感觉到迫切需要远离攻击时，就转过身来。如果 B 在合理的时间内没有感觉到 A 的攻击意图，A 就会砍到 B。这样，B 这个受害者就可以回顾他在受到威胁时的感受，并学会在这些感觉再次出现时识别它们。

A 和 B 互换角色练习。

通常情况下，做实践 14-1 的初学者都无法有意识地捕捉到自己已经处于危险中的感觉，但他们的身体却能够"知道"并通过明显的移动做出反应。初学者只需要训练一段时间就能识别出对手的杀气带来的紧迫感。

如果坚持练习，我们还可能感觉到具体是身体的哪一部分将受到攻击，并能够在正确的时刻避开。最终可以实现不需要用思维去分析对手的意图就能自动转移到安全位置的目标。

测试对杀气的敏感度和移动到安全位置的时机

在忍术中，godan 测试（黑带五段的测试）要求申请人以正坐的姿势坐在地板上。正确的坐姿是膝关节并拢，背部挺直，臀部放在脚跟上。忍术宗师初见良昭（Masaaki Hatsumi，1931— ）站在申请人身后，将一把神奈剑（日本剑道的一种由竹条制成的剑，撞击时会发出巨大的声音，但不会造成很大伤害）举过头顶，向后挥舞，准备砍出。初见良昭突然以极快的速度将竹剑砍向申请人的头部。申请人只有在正确的时机移开才会被授予腰带。如果申请人的躲避动作过早（在初见良昭实施劈砍动作之前），初见良昭就能很容易地改变砍的方向，并击中申请人；如果申请人的躲避动作过晚，当然也会被击中。

初见大师在挥动神奈剑的时候，脸上流露出强烈的意图。在那一刻，但不是之前，他自己产生了很强的伤害申请人的意图，同时他在潜意识中知道，即使申请人没有通过测试也不会受伤。

在某次测试中，大多数申请人都感受到了初见的劈砍意图，却过早地采取了行动。有一次，初见感叹道："非常好，很好。"因为一位申请人在初见启动挥剑的动作时，感受到了初见的意图。然而，该申请人的分析性思维起到了阻碍作用，他过早地移动了，因此未能通过考试。

而训练有素的对手可以在没有任何视觉、听觉或触觉提示的情况下知道你的意图，如果这些提示在你的身体上表现得很明显，那么几乎任何对手都会知道你的意图。因此，你要通过训练让自己轻柔地接触对手，动作要统一和连续。然而，即使是重心的转移或手势的变化，也会传递出可以令对手"读懂"你意图的信息。这就是为什么在出手之前通常不会把武器甚至拳头展示出来，而且站姿和移动时的重心也是非常重要的。

野生动物有比人类更强的感知危险的能力，能够对另一个生命发起的攻击意图做出反应。它们如果不具备这种能力，就无法生存。而根据我的经验，人类也拥有这种能力，并且这种能力还可以被极大地增强。

手非手

当我跟随郑曼青大师学习了几年太极拳之后，有一次他在课堂上说："（全身是手）手非手——身体的每个部分都是手，但双手却与之无关。"那时，我已经习惯了这种看起来自相矛盾的说法。虽然我不知道它究竟是什么意思，但我知道，它一定是很有意义和很重要的。对太极拳概念的理解有时在接触到它之后的很长时间才会出现。

美人手和坐腕

郑大师还强调了他所谓的"美人手"（图 14-3），即让手指和手腕达到最中立、最放松、最自然的力学对线。他指出，这样做可以使气到达指尖。值得注意的是，郑曼青的老师杨澄甫强调，在每个动作结束时，都要坐腕，即弯曲手腕，使掌心朝前。杨式太极拳坐腕的目的是通过内劲（而不是通过前臂肌肉的收缩）来扩张手掌。杨澄甫的技巧很高，他的手腕非常放松和柔软，以至于他能够通过扩张力来使它们弯曲，其弯曲程度是一般练习者无法做到的。郑大师在太极拳起势中保留了坐腕，在其他动作中的坐腕也做得很巧妙。

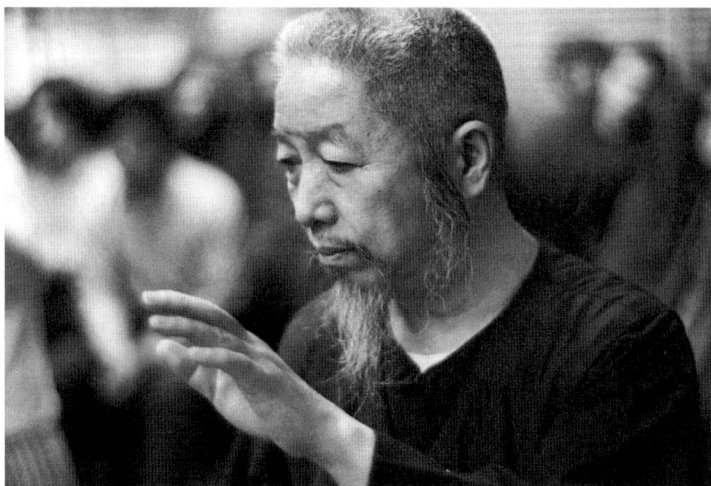

图 14-3 郑曼青的美人手

杨澄甫的一些照片显示，他的手腕在动作转换过程中都是保持着漂亮的中立状态（图 14-4）。

图 14-4　杨澄甫的转身撇身捶

　　我花了一些时间才意识到手非手和美人手包含了健康、自我发展和自我防卫的因素。这种理念促进了太极拳练习者对（肌肉）收缩力的识别和放弃，培养了气的流动；它们体现了无为、无意图、不执着、专注当下和身体各部分浑圆一体的原则。

为什么手如此重要

　　手比身体的其他部位拥有更多的感觉和运动神经末梢（图 14-5）。因此，人们很容易通过手来表达自己的思想。当你触碰到另一个人时，你手上的压力和动作会告诉那个人你的意图。

　　此外，你学习如何不将任何意图通过双手透露出来（通过保持一个自然的、中立的手势），不仅是在训练身体方面无意图，也是在训练精神方面相应的状态。

图 14-5　脑科学界著名的感官侏儒（Sensory Homunculus）的人体模型。模型的每个身体部分的大小都与它和大脑皮层的感官连接数量成正比。这个模型是我用自己的一张老照片和老版本的 Photoshop 粗略制作的。运动侏儒（Motor Homunculus）的模型与此类似，模型的每个身体部分的大小与它和人脑皮层的运动连接数量成正比

手和无意图

从身体上讲，手非手是指当你的手接触到对手时，它不应该像手那样去行动、感觉或移动。每个人都知道手能挡、打、拉、推、拨、刺、戳、捏、拍，以及抓对手的四肢、手指、皮肤、脖子、头发等，但躯干对攻击却无能为力。因此，当你的一只手像手那样去感觉、移动和做动作时，对手就会警觉起来并立即准备改变动作，采取新的防守或进攻动作。然而，如果你的手臂和手与身体彻底浑然统一，那么对手会感觉你的手臂和手的动作就像你的躯干的张力，并不具有威胁性。也就是说，你在化解对方力的过程中，当你的手臂和手把对手的攻击带离你的身体中心时，他应该感觉到他接触的是你的身体，而不是你的手臂或手。而接触点的移动不表露你的任何意图，似乎是被动的，是他的行动导致的结果。这就是在做太极拳动作时，手的姿势要自然，

手要尽可能地与身体浑圆一体地转动和移动的原因。此外，在自卫防身的情况下，心理状态也不应该有任何意图，除非是在击打对手的瞬间，在那一瞬间，意图是至关重要的。

推论：同样的理论也适用于身体的其他部位，如肘非肘、脚非脚。

🌑 实践 14-2

请注意，在这项实践中，你需要一个非常有控制力的搭档，因为挤压颈动脉（在脖子两侧各有一条）会导致你在大约 15 秒内失去意识，并可能产生严重的副作用。

搭档面对你，成功地用双手抓住并勒紧你的脖子。没有受过训练的人的反应可能是立即去抓住他的两个手腕，并试图把他的手掰开。试着做这个动作，感受一下，你掰开搭档的手的动作是如何使他立刻增加掐你的力量的。要想摆脱这种困境，你只需用双手轻轻地按住他的两个手腕，然后在手不动的情况下，将你的整个身体向后移动（就像如封似闭那样）。尽管你身体的其他部分都在移动，但你的双手不动。我是从郑大师的资深学生卢·克莱因史密斯那里学到这个应用的。

意图的远距离传递

治疗中的气的传递

有意地向另一个人"发送"的用于治疗的"能量"可被认为与"杀气"相对应。"发送"这个词加了引号，是因为我们实际上并不清楚是否真的有什么被发送出去了。"能量"这个词也加了引号，是因为从科学的角度来讲，这个词可能并不太适用。

健身气功［和灵气（Reiki）］疗愈师们普遍认为，一个人的气可以对另一个人产生有益的影响，甚至可以在几千米之外产生影响。我自己的经验也与这个观点一致。但是，迄今尚没有正式的科学证据表明，一个人的气可以传给另一个人——即使两个人均在彼此的视线范围内，更不用说相隔数千米了（目前的科学同样尚未发现任何可能产生这种远距离效应的机制）。

现在已有科学研究中，被初步接受的观点是，当看到一个人在做某个动作时，你自己的生物电会被同时激活，从而帮你启动这个动作。然而，这种科学研究还处于起步阶段。

意图和气是如何传递的

一些实验已经对人的意图的远距离影响进行了研究。有人认为，这可能涉及量子效应，而气可能涉及发送者身体外部的电磁现象的产生。然而，当两个人从非常接近的距离分开时，随着距离不断增加，任何这样的电磁场都会迅速消失，因此，电磁场不可能在几十厘米的距离之外对他人产生影响。

也许该现象涉及了已知但科学家无法测量的物理量之间的相互作用，或者涉及未知的物理量。也许传播方式甚至不是物理属性的，在这种情况下，目前形式的科学可能还没有任何工具能够揭示所涉及的过程。

空劲

空劲指的是当两个人相隔一段距离时，一个人可以使另一个人做出特定的动作。一种解释是，空劲训练与杀气的训练相似，空劲训练是一种工具，能使练习者做好准备，对来自他人的被动意图变得十分敏感，并可以做出相应的反应。由此产生的敏感性可以使他们更有可能在面临危险时转移到安全位置。然而，那些没有受过训练的人可能不会受到影响。空劲可能无法直接阻止一个果断的攻击者，但这并不意味着其基本原理是无效的。

作者的观点

我本人赞同这样的观点：一个有知觉的人可以影响他人的生物电脉冲或其他内部条件，即使这个人对外部所施加的影响无法被他人的已知感官所感知。当然，要得到这样的效果，两者之间需要建立某种联系，而且被影响者必须有接收能力，也许还需要其他的条件。

我的看法是，我并不认为我是在向另一个人"发送"起治疗作用的气，我只是加强了我自己的气，以帮助那个人进行自我康复。我认为接受者是在激活和增强他自己的"康复器官"，即使他是在远处。这种观点有一个引申的含义，那就是，当我对需要治疗的人"发放能量"时，我的"能量"并没有被消耗掉，甚至，我还可以借此加强我自己的气而不会使其变得枯竭或者替对方承担其症状。我的实际参与程度要低得多，因为我不是给予治疗的人，而只是一个侧面促进者。此外，我还会从自己的气的增强中受益，并为别人因我受益而感到愉悦。

第十五章 使你在太极拳中的进步最大化

学习太极拳

实践练习

对于那些参加过瑜伽、普拉提等有氧运动和其他流行运动课程的人来说，了解太极拳与其他运动项目的不同之处是很重要的。参加太极拳课程是必要的，但这还不够，还要每天坚持练习。如果自己不去练习，进步会很小，甚至可能会毫无进步（见图 15-1 中我对"学习"的理解）。

图 15-1　"学习"的繁体字。第一个字"学"是指学习，它的下半部分是"子"，我们可以把它看作一个孩子，上面有一个屋顶在保护他。屋顶上方还有两只在帮助他的手，两个"乂"代表这个孩子不成熟的写作尝试。第二个字"习"是指练习，下半部分是一个长方形的字，上半部分有一对翅膀。下面的字是"自"的变形（缺少一横），其含义是，鸟儿必须自己学会飞翔。因此，"学习"一词的含义是，起初在他人的辅助下学习（阴的方面），但随后你必须自己主动去练习（阳的方面）

许多人，尤其是那些学什么都学得很快的人不用花太多的力气就能学到东西。这种特质对某些学习和研究是有效的，但对太极拳则不起作用。只要错过一天的练习，很多东西就会消散。因此，我建议你每天不完成太极拳的练习就不要睡觉，每天练习两次会是个很好的选择。

害怕犯错

有些学生在心理上会逃避练习，因为他们担心自己会犯错，动作做得不准确。事实上，犯错是学习太极拳和在太极拳中获得进步的必要条件。真正的学习是需要犯错的。

例如，当你输入了一个错误的计算机命令时，你要学会下次不再这样做，但有时你会发现一个你以前并不了解但是很有用的工具。而犯错就是很宝贵的学习工具。

学习太极拳的障碍

有个说法是，让一屋子的猴子随意敲击打字机打字，也许最终会打出莎士比亚的作品，但所需的时间很可能要比宇宙的年龄还长。

要想真正掌握太极拳，就不能像那群打字机前的猴子一样随意。现在有很多专门教授太极拳的书籍、视频和网站，也有很多技术水平不同、教学能力不同但愿意传授知识的太极拳教练。

困惑、停滞、挫折和矛盾都是学习一门技艺会面临的问题，太极拳的学习也不例外。太极拳作为一种武术，历史十分悠久，但其传承方式令人感到困惑（为了保密而不外传）。接下来就讨论一下这些问题。

太极拳传承的家族性

大部分中国武术门派的传承都有门内（秘传）弟子和门外学生的

区别。门外学生也会得到师傅的教导，但却很少能学到完整的技艺。门内弟子几乎都是太极拳大师的家庭成员，他们通常在儿童时期就已开始学习。他们与太极拳大师的密切接触使他们能够以一种外人无法得到的方式进行学习。大多数人都没有以这种方式进行学习的特权。所以我们必须努力利用一切可能的工具来创造性地弥补这种不足。

隐秘性

在历史上，太极拳是一门格斗技术。在一百多年前的中国，一个人掌握一种武术可能意味着掌握别人的生与死。如果师傅选择学生不慎，这些学生就会给他们带来致命威胁。所以，太极拳在很长一段时间内都是秘密传授的，所以，能够接触到完整的教学内容或能够传授这门功夫的人就越来越少。

现在，不能随便教导外人学太极拳的历史原因已不复存在，在许多地区，用于自我保护的徒手格斗技能已经不太重要了，而且它在战争中的作用也基本过时了。现在的太极拳主要是满足人们健身和修身的需要。

对那些得到了门内秘传弟子式教导并想分享它的人来说，几个世纪以来的习俗仍然存在并很难被打破。古老的秘密传授的方式是如此根深蒂固，以至于那些拥有完整知识的人很难摒弃这些习俗。因此，学生们必须靠自己的努力来提高自己。除非你有幸得到了秘传式的教导，否则就必须依赖所有可用的学习工具，勤奋地练习，并充分利用你的创造力去理解它，而不仅仅是定期上太极拳课程。

教练教初学者的方法

虽然教练会努力去教初学者，但仍可能会受到以下因素的影响。

（1）出于尊重，他们可能会像他们的教练那样进行秘传式教学。

（2）他们可能会把教学内容简单化，以便让更多的学生能够理解。

（3）他们可能会去掉那些对大多数学生来说太过高级的内容，因为教这些内容会浪费宝贵的授课时间。

（4）他们可能会删除他们的教练要求他们保密的重要内容。

（5）他们可能会删除他们被教导过但却没有充分理解的内容。

（6）他们可能会删除他们能够理解并能够做到但却无法正确解释的内容（语言技能限制或缺乏教学经验）。

（7）他们可能会强调气的联系以及容易被记住的肢体姿势（"柯达时刻"①），这可能导致学生的动作会在这些姿势上出现僵直停滞的错误。

学生必须理解这种教学中的因素及其影响，并用自己的方法来超越这些因素。

清除练拳过程中的障碍

培养你对期望的持久性

当你看到那些技艺高超的人时，可能会认为他们天生就有这种技能。而你往往没有意识到的是，他们实际上付出了大量的努力才取得了这样的成绩。一门技艺，如果没有学生超过他们的教练，那么相关的智慧就会随着时间的推移而严重退化。

在我教授物理学的几十年里，我观察到学生们的学习和进步经常会被"我永远也做不到"这样的想法阻碍。表达出这样的想法，或者仅仅是这样想一想，都会使你的潜意识盲目地接受它。这样一来，实现期望中的进步的大门就被关闭了。

亨利·福特（Henry Ford，1863—1947）说得很好："无论你认为你能，

---

① 意为"留下了美好记忆的时刻"。——译者注

还是你认为你不能，你都是对的。"

摒弃消极思维并不意味着你应该走向另一个极端。只要你看待事物时保持平常心，并明白任何具有巨大价值的事情的成功都需要时间，你的技能水平就能自然地向前发展。

使用你所有的工具

学生往往缺乏对他们所学的东西进行完善的工具。这个完善过程的实现需要具有批判性思维、分析能力、毅力和一些其他领域的知识，如物理学、数学、哲学等。

亨利·福特还说过："如果你需要一台机器（或工具），但你不买它，那么你最终会发现你已经为之付出了代价，却仍然没有得到它。"

对于学习太极拳，其道理也是类似的。当然，你要想精通太极拳，就需要持续不断地练习。但是，拥有并利用适当的工具对于有效地完成任何工作都是至关重要的，不这样做是要付出代价的。而一旦你有了这个工具，它的用处就会延续到新的、看似不相关的方面。

学习工具

学习太极拳的工具包括互联网、视频、书籍、研讨会、小组练习、反思、可视化、观想、实验，以及跟随合适的太极拳教练和相关技艺（如健身气功和冥想）的教练学习。还有一个重要的工具是定期用太极拳的原则来检查自己的动作。其中最主要的原则是无为、专注当下、取法于圆并效法于圆、连续性、自然、阴阳平衡、不执着、无意图、放松，以及内劲的培养等。

在我看来，理解太极拳等运动的有力工具是物理学、解剖学、生理学、数学、心理学，以及下面列出的工具。

物理学。通过对力、杠杆、稳定、不稳定和中性平衡、摩擦、压力、直线动量、惯性、动能、势能、重力、质心、直线、圆周运动、速度、加速度、角动量、波、周期运动、静力学、流体力学、弹性、拉伸、扭转、切变和压缩应力的理解来研究稳定性、力量和运动。

解剖学。涉及对肌肉、韧带、肌腱和骨骼的最佳力学对线。

生理学。涉及对呼吸、循环、神经、排泄、免疫和平衡系统的理解。

数学。帮助我们了解空间关系、轴、平面、角度、矢量和透视等。

心理学。揭示意识和潜意识的思维、学习、感知和知觉、错觉、记忆等大脑功能。

哲学。提供分析和澄清复杂思维的工具。

直觉。这是太极拳训练中一个重要但常常被忽视的方面。直觉会引导你找到理想的教练,引导你与教练互动,并帮助你从教练的教学模式中受益。直觉还可以帮助你意识到什么时候该换教练了。

记笔记。记笔记也具有巨大的价值。在 20 世纪 70 年代和 80 年代,我跟随陈至诚学习时就经常做笔记。我记笔记的习惯曾让我的同学们感到很不高兴,当陈至诚感觉到他们的态度时,他直接对我说:"慢慢来,这很好。"我的理解是,他也在告诉我的同学们,他们也可以这样做。把知识写下来的一个好处是你会因此被迫去理清你的想法,另一个好处是你所写的内容会更容易被你记住。此外,你的笔记可以成为你在记忆消退时能够拿出来参考的东西。现在我仍然保留着我跟随所有武术教练学习时的课堂笔记,并经常查阅参考。还有一个有价值的附带好处就是你会看到自己的进步,理解力也会得到提高。

实践。实践在任何努力取得进展的过程中都是必不可少的。随着我们的进步,我们经常会固执地抓住自己在早期阶段所学到的东西不放,而且还会发现自己很难将这些概念和工具放到一边,以便选择更合适、更有价值的东西。正如我们需要不断地提醒自己放下习惯性的、不必要的肌肉紧张一样,我们也需要定期地重新评估那些已经牢牢嵌入我们思想框架中的东西。这样做也符合了佛教的"无住为本"和"不着相"的思想。

作为初学者，教练经常会教我们用简单的方法去记忆动作。例如，左掤动作中的"抱球"，将挤势动作中的"左手掌心朝上置于右肘下"等，都已经牢牢地印在了郑大师的所有学生的脑海中。然而，这种类似"柯达时刻"的固化动作往往会牺牲对动作基本要素的认识。与其抱着这种像是在幼儿园里学到的东西不放，不如把它们放在你的后裤兜里，尝试用对动作的感觉去做动作。

获得适当的知识来源。这样可以大大加快你进步的速度。这些来源可以是书籍、视频、互联网、教练、同学，以及你的学生（如果你在教学的话）。作为一个学生，倾听别人提出的问题和教练的回答是至关重要的。

向他人提问。向他人提问不仅可以帮助你，也可以帮助被你提问的人。教练尤其喜欢有人提问，因为这可以增加他们的知识、教学技能和愉悦感。即使同一个问题被连续问了两次，一个有经验的教练也会提供第二种解答，以便引入一个重要的、新的视角。在适当的时候提出一个精心设计的问题，可以引出一个能使你再进一步的关键问题。注意，在寻求答案时要依据太极拳的原则或其他方面的知识。

想象。想象是一个重要的工具，它只需要时间和精神上的能量，可以坐着甚至躺在床上进行。想象带来的好处甚至超过了去学习手头的材料带来的好处，如改善记忆、提高观察能力和学习技能。另外，通过想象一个动作而不实际去做，可以减少不自然的习惯性动作带来的负面影响。

了解自己的局限性并加以调整。这很重要，也完全符合太极精神。局限性包括受伤、疼痛，或缺乏力量、灵活性，或能做的动作范围较小等。不要忽视或掩盖疼痛，重要的是认识到疼痛可以给你提供反馈，如果加以利用，则可以帮助你减轻疼痛，甚至促进愈合。例如，你在做一些通常会产生疼痛的动作时，通过"不着痕迹地"避开疼痛区域的方式来避免该动作继续产生疼痛，将会有很大的治疗价值。以这种方式练习动作，将可以改良你日常做这个动作的方式，以减少损伤发生或加剧的可能性。

应对局限性的一种方式就是根据你或你的学生的局限性，巧妙而适当地改变太极拳的动作。一个代表性的例子就是杨澄甫大师的杨式太极拳和早期杨式太极拳之间的区别，特别是在后脚向内转这个问题上。在郑曼青和他的同学们所接触的早期杨式太极拳版本中，当从一个姿势过渡到另一个姿势时，后脚在另一只脚迈步时会与其保持90°，并在动作结束时向内转45°。而目前流传的杨式太极拳要求在另一只脚迈步之前，后脚预先向内转45°，这可能是杨澄甫在晚年由于他自己的膝关节（或其他身体部位）受到限制而改变了这个动作。

总结

在本书中，我一直在适用的情况下努力使用上文列举的工具学习。虽然这些工具不是万能的，但它们是非常有用的。不幸的是，这些工具没有被充分地应用于太极拳运动，相反，一些人更喜欢那些听起来云山雾罩和神秘莫测的概念，而不重视科学的解释。

在运动技艺中过度使用观想画面的危险性

观想（想象不存在或非实体存在的东西）是非常有用的，许多运动技艺中都在使用，如舞蹈、瑜伽和太极拳等。教练将这些运动的观想画面提供给初学者，便于他们在开始学习时记忆并进行练习。然而，观想只是一种工具，如果使用过度就会产生问题。

在太极拳中使用观想的一个例子就是"陆地游泳"，即在做太极拳动作时想象周围的空气具有同水一样的特性和阻力。据说，经过持续的练习之后，空气给你的感觉就会同铁一样重（见第三章）。太极拳中的其他例子还有想象抱着一个球、头飘浮在空中、重心远低于地面等。

问题是，想象不真实的东西就像是在自我欺骗，而维持想象画面所提供的超过其应有效用的状态需要你继续自我欺骗，这会限制你的理解并使其变得低效，因为它需要继续不必要地使用意识。意识是缓慢的，一次只能处理几件事。与其不必要地加重意识的负担，不如如实地看待事物。也就是说，只需学习如何实现想象的画面所带来的潜在好处，但不需要长期进行想象。然后，能同时处理无数任务的潜意识就可以接管了，在不偏离原则的情况下，你就不必去依赖一个有局限性的、不完整的技巧。

使用一个超出其效用的想象画面还会涉及先入为主的观念，这违反了无为和专注当下的原则。执着于一个想象画面会遮蔽感觉的介入，并为超越想象画面和进步到下一个层次制造障碍。

想象一个用双手抱住一个球的画面。这个画面对记忆该动作中的手臂姿势很有用，也能帮助学生认识到气感状态。有很多人最初利用想象的画面学会了某个技能，他通过不断练习提高之后仍倾向于继续使用想象。其结果就是，他们在做左掤这样的动作时无法体验到手臂的自然摆动和圆周运动的连续性，而是执着于用双手去抱住一个想象中的球。这种意图是在关注未来，而不是关注当下，这会扰乱本来应该是自然的"心流"。

教练经常提供给初学者的一个想象画面是，在你的腋下夹着一个生鸡蛋。这个观想是如果你抬起肘部，鸡蛋就会掉出来摔碎；如果你夹得太紧，就会挤压鸡蛋而导致其破碎。虽然这样的画面可能有助于初学者学习，但它需要初学者持续使用分析性思维来判断鸡蛋是会掉下来还是会被挤压。当这种观想画面遇到白鹤亮翅和玉女穿梭这样的招式时就会出现问题，因为正确地完成这些大开大合的动作不可能不让鸡蛋掉落。

与上述例子相反，感受不同程度的开合效果、气和扩张力才会更有成效。

验证你的进步

你在学会了太极拳徒手套路的动作后可能会问："下一步应该做什么？"除了继续学习各式推手（四正推手、四隅推手）和其他器械套路（剑、刀、杆）外，一个非常重要的方面就是获得正确的内在状态。但你如何知道自己已经达到了这种状态呢？拥有愉悦感和感到气的流动当然是非常重要的，但这并不是确定你是否在正确轨道上的标准。很多令你感觉良好的东西并不是太极拳，或者不符合太极拳的原则。对于某些内部状态的解释，就像是向一个从未尝过盐的人解释盐的味道一样。因此，为了超越这种局限性，必须有一些具体可见的标准来评估你的进步。

你的动作要与你的教练所说的、所展示的一致

这个标准有一定的价值，但也有它的局限性（教练可能漏掉了关键信息，或者没有解释清楚）。此外，教练在展示和解释动作时可能会用一种方便学习的方式，而忽略了一些重要的细节或原则。对于这些细节或原则，教练可能会也可能不会再教授给你。即使教练把所有的信息都讲述得很理想，学生也不一定能够完全理解，他们可能会错误地认为自己已经知道了教练的动作是什么样的。学生在练习推手时，与教练的手臂接触对于感觉和捕捉教练的内部状态非常重要。

你所学的要与太极拳经典中的内容一致

太极拳经典是历代太极拳大师的著作，其撰写目的是给当时和未来的门内弟子讲解太极拳的基本要素，同时对外人隐藏其真正的含义。

因此，阅读太极拳经典，与其说是学习新概念的方式，不如说是对你的理解能力的一种考验。如果你能理解书中的内容，那么你可能就是在正确的轨道上。因此，你能够越来越多地理解这些经典著作所传达的信息就是你在技艺上取得进步的一个宝贵标志，而那些仍然令

人感到困惑的部分表明你需要做得更多。

应该记住的一点是，这些经典都是用文言文写的，然后被翻译成白话文。由于翻译者的实践和理论水平各异，书中可能会有翻译错误的地方或翻译者的误解。但无论如何，这些经典著作和它们的阐释都是非常有价值的。所有的太极拳练习者，无论水平如何，都应该阅读并定期复习太极拳经典。

你的动作要与太极原则和理念相一致

你的太极拳套路动作对太极拳的原则和理念的表现程度，表明了你相应的内在状态是否正确，如阴阳平衡、关注当下、法于圆、连续性、释放收缩性的肌肉动作，以及表现出扩张力等。

可以在推手和格斗中成功地运用太极拳原则

运用正确的太极拳原则来有效地练习推手需要很多技巧，而通过利用速度、技巧、重心稳固、格挡和（肌肉）收缩力在格斗中获胜则是相当容易的。一些以这种方式练习的人会相当得意，往往对任何与他们习惯的方式相悖的建议都不屑一顾。类似的态度也常见于练自卫格斗术的人。

一切都以一种令人满意的方式组合在一起

随着你在正确练习和学习太极拳方面的不断进步，太极拳的各个部分就会越来越像复杂的拼图那样，最终组合在一起。

动作本身会向你揭示它们的意义

在练习太极拳套路和推手的无数个动作中，你的手臂形状，四肢与身体的距离，手臂、腿及身体移动和转动的相对时机，迈步的时机，以及动作的连续性等方面都会越来越明确地向你揭示应该如何去完成它们。

你能够越来越多地回答自己的疑问

不用去问别人，你对一些细节自然就能理解，而且这些理解都是符合自然、无为、关注当下、连续、循环和浑圆一体等原则的。

结语

随着对上述以及可能的其他方面的理解越来越多、越来越到位，你就可以更加确定你是在正确的轨道上前进。

第十六章 对太极拳的剖析

内家拳与外家拳

内家拳和外家拳的区别之一是，外家拳强调速度、力量和技巧，而内家拳则强调对力量的感知和理解，以及尽量少地使用力量。

太极拳、八卦掌和形意拳是内家拳的代表。日本的忍术就是日本武术中的内家武艺，它也强调感知和理解，以及尽量少地使用力量。

着重强调速度、力量和技巧的外家拳的代表是少林拳（中国）、空手道（日本）和跆拳道（韩国）。学习这类武艺的人会不断练习拳打、腿击、地面搏击技、器械等，直至这些动作变成条件反射、变得可靠。

虽然力量和速度在内家拳中也很有价值，但所强调的并不是它们本身，而是将它们视为在练习正确使用身体之后所出现的"副产品"。内家拳并不练习技法，而是研究如何应用技法，不是为了能够反射性地使用它们，而是为了理解和反复强调内家拳的基本原则。其主要的目标是理解力量和感知心意。也就是说，与对手的触碰能够使内家拳练习者立即感知到对手身体内的各种紧张，并由此知道对手接下来想做什么。一位训练有素的内家拳练习者，即使不利用眼睛看或不进行身体接触，也可以捕捉到对手要实施伤害的意图，还可以捕捉到对手在进行攻击时的心理变化（见第十四章中关于杀气的讨论）。

对对手思维意图的了解，降低了内家拳练习者强调力量和速度的必要性，取而代之的是对把握防守和攻击动作的时机和精确度的不断完善。

例如，内家拳练习者如果能在对手的攻击即将完成的瞬间之前躲开，就会误导攻击者，使其变得过于自信。此外，当反击的时机恰到好处时，内家拳会具有毁灭性的破坏力。

彼不动，己不动；彼微动，己先动。

——武禹襄

因此，内家拳的练习强调对动作（扩张力）和意图的敏感度的培养，为了能够感知他人，你首先必须了解并能够将自己调整至相应的状态。你能够达到这种状态之后，对手就很难读懂你的动作和意图，从而不会对你的动作产生警觉。

为了达到这个目的，在练习太极拳时，就要最大限度地放松，最小限度地用力，感受内部和外部的一切，如惯性、重力、动量、手臂和腿的自然摆动等。此外，在练习推手（双人的、针对敏感度的练习）时，重要的是区分阴阳（允许你的搭档在不受任何干扰的情况下进入你的空间），并且不要依据先入为主的预设想法来做动作。

举起与放下

以恒定速度抬起手臂比以恒定速度放下手臂更难吗？还是说这两个动作的难度是一样的？按照以下顺序做动作：拿着一个无生命的重物→以恒定的速度举起它→以恒定的速度放下它（图16-1）。我将尝试从物理学、心理学和生理学的角度来分析这个谜题。

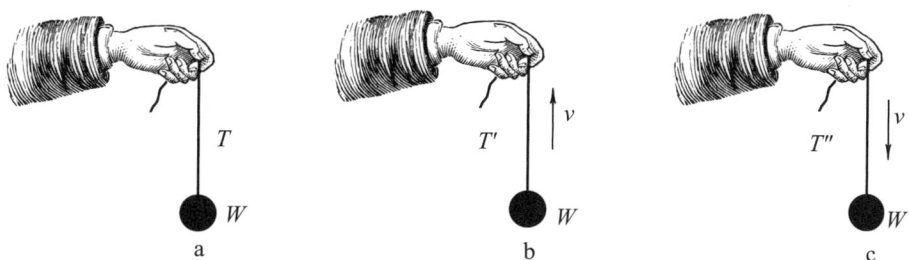

图 16-1 a. 手握住与重物 W 相连的绳子，保持静止。b. 以恒定的速度 v 提升重物的高度。c. 以恒定的速度 v 降低重物的高度。绳子上的张力分别为 T、T' 和 T''（张力的定义见第九章）

问题 1：当手以恒定的速度举起重物时，绳子上的张力 T' 大于、小于还是等于重物静止时绳子上的张力 T？

问题 2：当手以恒定的速度放下重物时，绳子上的张力 T'' 大于、小于还是等于重物静止时绳子上的张力 T？

从物理学的角度看

大多数没有学习过物理学的人都会凭直觉认为，当重物以恒定的速度上升时，T' 会大于 T；而当重物以恒定的速度下降时，T'' 小于 T。实际上，绳子上的张力在这三种情况下是相等的。根据牛顿第一运动定律，只有当作用在物体上的合力为 0 时，物体才能够保持静止或匀速沿直线运动。

然而，请注意，如果重物被加速提起和放下，那么之前提到的那个凭直觉做出的猜测将是正确的答案。也就是说，重物被向上提起、做加速度运动时，T' 将大于 T；重物向下做加速度运动时，T'' 将小于 T（图 16-2）。

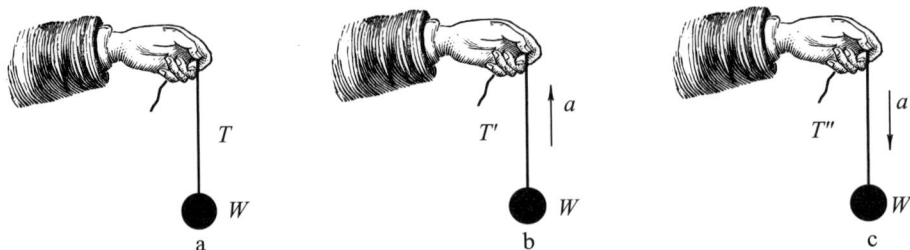

图16-2　a.手握住与重物 W 相连的绳子，保持静止。b.以一个加速度 a 将重物向上提起。c.以一个向下的加速度 a 令重物下降

当然，上述例子中的手臂在抬起时和放下时的动作会有所不同。因为手臂的杠杆作用力会从下垂时的基本为 0 变化为上升到水平时达到最大值。也就是说，当手臂从下垂抬高到水平状态时，所需的力量就会增加；而在手臂从上向下降低高度的过程中，所需的力量则会减少。当手臂以恒定速度上升或下降时，在给定的臂高水平上进行向上和向下的小幅偏移时，所需的力量是相同的。

从心理学的角度看

我们为什么会感觉放下手臂似乎比抬起它更容易呢？也许这种感觉的出现是因为我们都知道重力会将重物往下拉。因此，从心理学的角度来看，我们首先会相信放下手臂要比抬起它更容易，然后我们才会感觉到放下手臂要比抬起它更容易。

从生理学的角度看

尽管以恒定的速度抬起和放下手臂所需的力可能是相同的，但在使用（肌肉）收缩力的情况下，在抬起和放下时肌肉的使用方式是不同的。当抬起手臂时，神经脉冲被发送到手臂、肩膀和身体其他部位的肌肉，使其收缩并缩短。当放下手臂时，神经脉冲也被发送到手臂、肩膀和身体其他部位的肌肉，使其收缩，但当重物被放下时，这些肌

肉会被拉长。后面的动作涉及所谓的离心收缩，这往往是肌肉损伤的原因。这可能就是举重运动员将举起的杠铃抛下令其落到专用的木质平台上而不是费劲将其放下的原因。另外，膝关节有问题的人都知道上楼梯时的痛苦要比下楼梯时小。

现在问题来了，我们在使用扩张力时，上述结论可能会有什么不同？根据第二章的解释，当我们的意图唤起生物电时，身体组织中的水的状态发生变化，从而产生扩张力。在使用扩张力时，以恒定的速度抬起和放下手臂时，对所用的力的大小的感觉应该没有差异。

虚实、阴阳悖论

在太极拳中，我们把承受身体百分之百重量的腿称为实腿，把不承担任何身体重量的腿称为虚腿。虚是指该腿上没有任何身体重量，实是指身体的全部重量都由该腿来支撑。检验一条腿是否是虚腿的方法是将脚放在一张薄纸上，如果另一个人可以轻易地、没有任何阻力地抽出这张纸，那么这条腿就是虚腿。

关于太极拳动作的讨论不止一次地把某条腿描述成虚腿，并引申出令人感到困惑的、关于阴阳问题的讨论，如一条腿在承担了百分之百的身体重量时，另一条腿，即虚腿，不会对地板产生任何压力。完全负重的腿是支持性的、接地的、不活跃的，因此属于阴。虚腿可能准备好随时迈步或抬起做向上、向外的踢腿动作，因此，虚腿属于阳。

然而，如果某个物体是空的(虚的、无实体的)，人们会认为它属于阴，而不属于阳。为了解决这个看似矛盾的问题，我将举以下例子进行说明。

想象两个气球，一个是瘪的（空的、易弯曲的、摊着的、柔软的），另一个充满了热空气（膨胀的、凸起的、坚固的、热的、向上的）。显然，瘪的那个属于阴，而充满气的那个则属于阳。

再想象两个桶，一个是空的，另一个装满了冰水（重、冷）。在这种情况下，与装满冰水的桶相比，空桶属于阳。

因此，如果我们说某物是空的，或具有空的其他特征，在不知道其基本条件的情况下，我们无法说它属于阴还是属于阳。空可以是阴也可以是阳，而决定因素是其背景和意义。

当我们说一条腿是虚腿的时候，这只是意味着它没有承担身体重量，而且它有可能是活动的，并准备迈步或踢腿，那么它就是阳，而不是阴。

另一个可能造成混淆的原因是，承担100%身体重量的腿涉及股四头肌的拉伸，这涉及肌肉的高度紧张。这种紧张不是主动的，而是被动的，即从收缩的完全释放到对重力的屈服。然而，阴中也有阳，即向上的扩张（在太极拳中，没有什么是纯阴或纯阳的）。

太极图的变化

图 16-3 至图 16-6 所展示的太极图中，无论它是顺时针旋转还是逆时针旋转，都是正确的。然而，图 16-5 和图 16-6 中的太极图，顶部都是深色（阴），底部都是浅色（阳），这些变化与一般对阴和阳的解释并不一致，在理论上会被认为是不正确的。因为按照定义，向下和暗色的是阴，向上和亮色的是阳，阴阳的位置与各自的性质应该保持一致。

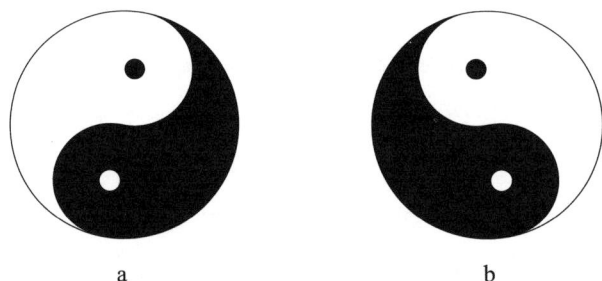

a   b

图 16-3 最常见的两种太极图。这些变体是符合阴、阳的定义的，因为它们最大的阴在底部。a 为顺时针方向，b 为逆时针方向

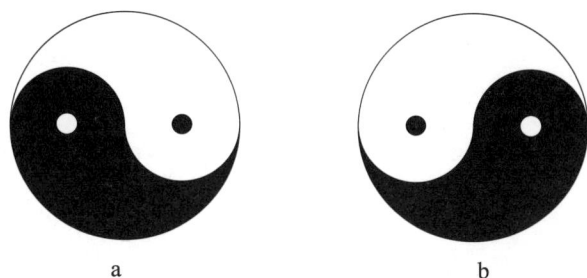

图 16-4　太极图的两个不太常见的变体。这些变体是符合阴、阳的定义的，因为它们最大的阴在底部。a 为顺时针方向；b 为逆时针方向

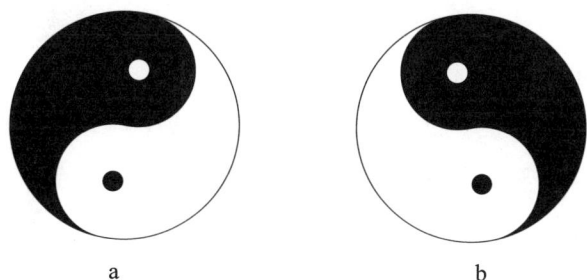

图 16-5　太极图的两个不符合阴、阳定义的变体（最大的阳在底部）。a 为顺时针方向；b 为逆时针方向

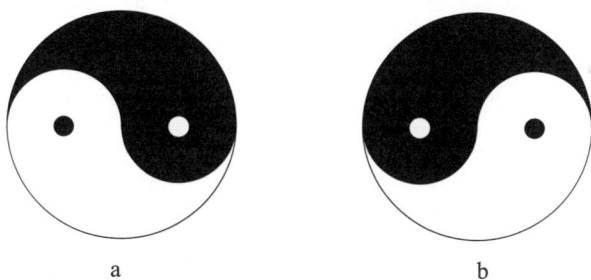

图 16-6　太极图的两个不符合阴、阳定义的变体（最大的阳在底部）。a 为顺时针方向；b 为逆时针方向

太极拳的器械

许多武术学校都会教授使用剑、刀、大杆等器械的太极拳套路。虽然这些传统意义上的器械不再被用于自卫防身，但它们仍有很大的

学习价值。

学习太极剑的好处

与徒手太极拳套路一样，太极剑的套路也有一系列连续的、放松的、流畅的动作。太极剑还有一个双人练习，即对剑，两个练习者的剑会不断地接触（就像推手练习中双方的手臂一样），直到一方击中另一方。练习时最好用未开刃的剑，以免伤害搭档。

太极剑的一个主要思想是无为，即剑的运动是自然的，而不是人为的。因此，一旦你学会了太极剑的动作，剑就会"告诉"你应该如何移动它，而不是你刻意去控制剑。

这把没有生命的剑（由木头或金属制成）应该自然地移动，就像它是你身体的一部分一样。因剑而增加的重量，因剑旋转时的惯性、线性和角动量，以及因剑的质量和空间延伸产生的离心效应，都会增加你对剑是在"引导"你的身体运动的认识。这种认识还可以指导你在练徒手太极拳时四肢应该如何做。通过练习太极剑而获得的自然运动和对时机的敏感把握还可以扩展到徒手太极拳套路中。

太极剑还有一个有价值的特点是步法灵活、轻盈。大部分步法都是以连续的脚跟和脚掌的旋转为先导，这能促使你产生一种好像在空中舞剑的感觉。其结果就是，动作会自然地从脚开始传到腿，然后传到骨盆，再通过躯干传到手臂，并从手臂传出，最终到达剑尖。随着时间的推移，躯干的转动将与手臂和剑所做的圆周运动形成最佳的配合时机，并达到能够以最小的力量最大限度地完成传递动作的状态。

为什么要尽早学习太极剑

尽管棍棒和石头等武器先于徒手技术出现，但大多数武术和格斗技的教学程序都是先教徒手技术。其理由是，在没有基本的自我保护知识的情况下使用武器，很可能会导致武器被夺走并被对手用来对付你。实际上，现在所教的大部分器械都已过时，不再被用于自我保护。另外，许多学习太极拳的人并不把器械训练看作一种以格斗为目的的训练，也不再去学习太极剑。此外，教练只教资深学生太极剑。因此，大多数太极拳练习者都没有接触和体验到剑术动作中的自然能量，更别说将其扩展到相对枯燥的徒手套路中。

缓慢的、有冥想的太极拳徒手套路当然有其价值，而且器械套路很难马上学会，但是，如果你单独练习徒手套路的时间过长，就很难改掉在动作的过渡阶段和最后完成的姿势中去预设和过分强调四肢"地标"位置的习惯，你就会倾向于忽视肢体的自然动作，会利用肌肉来使四肢在"正确的时间点"到达所谓的"地标"位置。第九章至第十二章所讨论的连续的、不间断的、自然的动作，以及时机安排的原则是非常重要的。你一旦记住了某个动作，那么在即将养成上述坏习惯之前，就应该把这些原则纳入徒手套路练习之中，而尽早学习太极剑就是能够带来这些好处的一种方式。

由于接触式器械套路对强化自然动作非常重要，所以应该尽可能早地学习太极剑和其他器械。这样一来，器械练习所提供的自然动作元素就可以更容易地扩展到徒手套路之中。

对太极拳练习的一些误解

练习太极拳时头不要转动

当我刚开始在纽约时中拳社学习太极拳时，就听到过这个关于练习郑子太极拳的告诫："练习太极拳时头不要转动。"与其他此类告诫一样，这条告诫并不能仅按字面意思来理解。它的字面意思说不通，因为头在练太极拳时必然会转动。因此，它指的一定是头部不要相对于身体转动（鼻子和肚脐总是保持对齐）。但无论如何，这两种解释其实都不成立。例如，在单鞭的姿势中，头会朝向西方，而在紧接着的提手上势的姿势中，头会朝向北方。因此，从单鞭到提手上势的过渡中，躯干会做45°的转动，但头部转动了90°（见图16-7和图16-8，郑大师在做单鞭和提手上势的连续动作时的照片）。

图 16-7　郑大师的单鞭动作

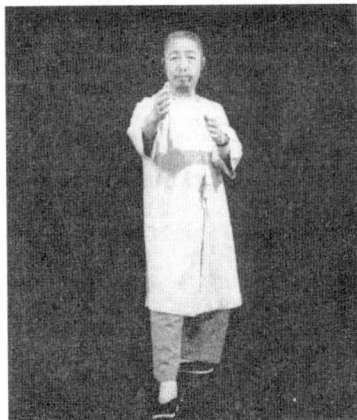

图 16-8　郑大师的提手上势动作。请注意，他的头相对于做单鞭动作时的方向转动了90°，而肚脐只转动了45°

　　请注意，其他的太极拳流派可能对这两个动作有不同的解释，对头部在这些动作的最后姿势中的朝向、在动作转换过程中是否转动可能会有不同的要求。

"头不要转动"的告诫，可能有一个有意义的解释，正如所谓的"手非手"或有时会被提起的"太极无手，太极不动手"，我们只有在不按字面意思理解的情况下才能理解它的意义。"头不要转动"的告诫也应该被同样对待，也许它的真正意思是当头部转动时，它不应以一种杂乱无章、不连续的方式转动。任何不连续的动作都表明注意力已经偏离了当下，转动头部使用的是收缩力而不是扩张力。那些有这种随便转头习惯的人应该去尝试一下放松颈部的练习（实践6-5）、旋转手腕的练习（实践2-4）和软视觉的练习（实践7-13到7-15）。然后将这些练习中的感觉应用于太极拳动作中，只在适当位置转头。

鼻子和肚脐应指向同一个方向

一些郑子太极拳练习者的一个误解是，鼻子和肚脐应该总是指向同一个方向。实际上，这种"鼻子和肚脐之间连线保持不变"的告诫只适用于以70-30姿势站立时和重心在两脚之间移动的过程。对于100-0的站姿，鼻子和前脚会朝向站姿所面对的方向。

当以100-0姿势站立、后脚伸出并与前脚呈90°时，如果让肚脐也朝向站姿的方向（与后脚呈90°），就可能造成股骨（大腿骨）与髋臼之间的损伤。这是一种病理状态，股骨超出了其生理活动范围，并对骨盆造成了伤害。

这时，肚脐也不是朝向与后脚中心线呈90°的位置，而是自然地指向后脚中心线和站立方向之间夹角的中间位置（45°）。头部（鼻子）一直朝向站立的方向（前脚的方向）。因此，假设开始时的方向是朝北，在提手上势动作中，头和右脚（虚）指向北，左脚指向西，肚脐指向西北，即在后脚和前脚两个朝向的中间（图16-8）。

在杨式太极拳套路中，承担100%身体重量的后脚朝向会与所面对的方向呈45°，这种情况下，鼻子和肚脐可以同时指向前脚的方向。

气沉丹田即可自卫防身

我在学习太极拳的过程中还听说过，经常练习套路和推手并且只要气沉丹田，你在自卫防身时就可以做出适当的应对。

气沉丹田在某些情况下可能有效，在另一些情况下则完全没有效果。如果你缺乏有经验的教练对你进行指导，并缺乏大量的武术格斗训练，那么这里所说的"另一些情况"可能就是指你只能听天由命，或护住脸后恳求攻击者不要再伤害你。一般来讲，抢劫等犯罪行为往往是两三名街头袭击者从你背后开始攻击的，以便达到出其不意的效果。你被突然击倒，处于极度痛苦和震惊之中，可能还眼含热泪，尿失禁，那时你再去试试把气沉到丹田里，看看是否会有效果。

有些恶徒还会利用刀子甚至枪支行凶。很少有太极拳大师既精通枪支的使用，又能熟练掌握面对枪支时如何、何时进行抵御的技巧。尽管这位大师能够夺下匪徒的枪支，但可能会因为没有进行正确的枪支训练而承担法律后果。

杨式太极长拳和郑大师的简化太极拳套路

动作多的太极拳与动作少的太极拳的优缺点

根据我的经验，郑子太极拳是简化太极拳，动作招式少，不会陷入学习大量动作的困境之中。然而我认为，熟练掌握郑子太极拳后，还可以再学习杨式太极长拳，这对练习者很有好处。在自卫防身的情况下，潜意识必须在较长的一段时间内去处理大量的感官信息，而用意识去做的时候，其速度太慢，处理的信息量也有限。而杨式太极长拳能够训练潜意识去做大量的动作，并以不同的顺序重复某些动作。例如，在郑子太极拳套路中，从单鞭过渡到提手上势、玉女穿梭和单鞭下势（2次）。相比之下，在杨式太极长拳中，除了单鞭过渡到这些相同的招式之外，还要再加上云手（3次）和高探马（2次）。因此，杨式太极长拳从单鞭开始转换的动作的数量大约是郑子太极拳的2倍。这就对大脑长时间保持专注提出了相当大的挑战，而这在自卫防身中很重要。

左搂膝拗步是另一个可过渡到多个其他动作的例子。在郑子太极拳套路中，左搂膝拗步可过渡到手挥琵琶、搬拦捶、右搂膝拗步。而在杨式太极长拳中，左搂膝拗步可过渡到手挥琵琶（2次）、撇身捶、海底针（2次）、右搂膝拗步（2次）和搬拦捶。因此，杨式太极长拳中有8个可以从搂膝拗步开始过渡转接的动作，而郑子太极拳套路中只有3个这样的过渡转接的动作。

练习简化太极拳套路会使人生病吗

尔勒·蒙太格（Erle Montaigue，1949—2011）在一篇题为《太极拳简化套路的危害》的文章中写道，练习简化的太极拳套路会使你生病。蒙太格在那篇文章中说："我听说很多人在练习了多年的简化太极拳套路后开始无缘无故地生病。我告诉他们关于简化套路的情况，以及为什么不应该练习简化套路，然后他们开始练习原来的、较长的套路。结果他们的病痊愈了。"

上述具有传闻性质的关于因果关系的论断是有问题的，它不符合科学推理，也没有提供推断机制。两件事情同时发生并不足以断定是其中一件事导致了另一件事的必然发生。是同一个教练将简化套路变为原来较长的套路吗？学生们自己还做了哪些改变？有多少简化套路的学生生病后，在没有改练长套路的情况下康复了？又有多少练太极拳长套路的学生生病后改练简化套路康复了？世界上有许多人"无缘无故"地生病了，然后在没有练习任何太极拳套路的情况下就康复了！所以，没有理由认为，练习简化的太极拳套路会使人生病。

太极拳的普及

当郑大师来到美国，看到他的第一批学生是如此渴望学习太极拳时，他意识到将太极拳引入美国将有助于实现他师傅——杨澄甫宗师普及太极拳的愿望。

郑大师传播太极拳的方法就是以纯粹、规范、简化的方式教授太极拳的基本动作，从而使他的学生能够以同样的方式继续去教授太极拳。20世纪70年代，郑大师的时中拳社就鼓励一线、二线的学生去教授或协助教授初学者课程。其中一些学生还在时中拳社以外的地方教授太极拳，并最终创办了自己的学校。时中拳社甚至有一个培训和认证学生教授太极拳的程序，这个程序在之后可以给他们提供支持。通过这种方式，郑大师成功地传播了太极拳，他的郑子太极拳和其他派别的太极拳目前已在世界广泛流传就是证明。

郑大师偶尔会提到太极拳的技击内容或内功等更高级的内容（如"陆地游泳"），但他并没有强调或教授这些内容，这当然是可以理解的。郑大师可能认为，他亲自教授的学生在离开他后会自然地找到其他教练寻求进步。但实际上，很少有人去寻找其他教练，或学习其他流派的太极拳，或学习太极拳更高级的内容。此外，郑大师的一些学生认为，改变他所教的任何东西都是对他的不敬。这很有讽刺意味，因为郑大师自己就对他所学的东西做了很多改变。事实上，有些人认为，郑大师创造了一种独立的太极拳流派。

目前，郑大师的太极拳套路拥有一种非常明确的教学方式和动作风格。大多数练习者在第一阶段都能够做到绵软，但往往缺乏内劲，而内劲是杨澄甫强调的要素。正如杨澄甫所说："太极拳是柔中带刚的艺术，就像绵里藏针一样。"所以，虽然做到绵软是很必要的，但这还远远不够。

附录

矢量加法的基础知识

本部分是对第八章和第九章的补充。

为了分析下肢的根劲和上肢的摆动，我们必须考虑所涉及的不同力的共同作用。我们可以使用基础物理学的矢量来分析这种共同作用的力。下面将解释矢量的性质以及它们是如何相加的。

标量和矢量的区别

在基础物理学中，我们会遇到两种不同的量——标量和矢量。标量可以只用一个数字来标示（只有量值），而矢量是由量值和方向共同标示的。附表 1-1 中列出了部分物理量中的标量和矢量。

附表 1-1 部分物理量中的标量和矢量

标量（仅有量值）	矢量（同时有量值和方向）
时间	
质量	
速度	速率
温度	
长度	位移
面积	
体积	
	力
	重量

注：请注意，一个物体的重量就是它所受的重力。因此，重量有一个方向，朝向地心，所以，它是一个矢量。另外，长度是位移的标量对应项，位移是一个矢量。时间和质量没有相对应的矢量。

矢量的表示方法

我们用一条带箭头的线段来表示一个矢量，其方向是这个量的方向，其长度与矢量的大小成正比。在印刷品中，矢量用粗斜体（V）来标示；手写时，V 上面会有一个箭头（$\vec{V}$）。

矢量的相加

两个矢量相加，我们用一个矢量箭头的尾与另一个矢量箭头的头相连来表示。矢量 1 和矢量 2 相加，也就是 V_1+V_2 的和（结果为 R）就表示为 V_1 箭头的尾与 V_2 箭头的头相连。例如，将 $V_1=$ 向东 3 千米和 $V_2=$ 向北 4 千米相加（附图 1-1）。

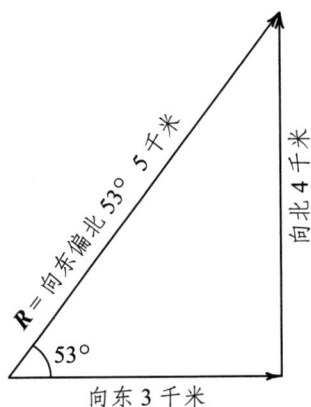

附图 1-1　两个相互垂直的矢量的相加

矢量相加的顺序

矢量相加的顺序并不重要，即 $V_1+V_2=V_2+V_1$，如附图 1-2 所示。

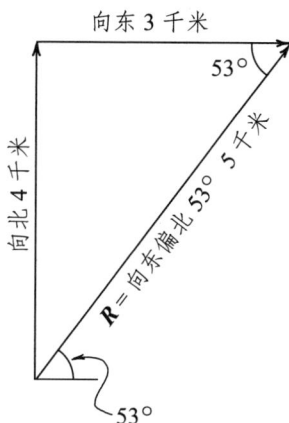

向东 3 千米

53°

向北 4 千米

R = 向东偏北 53° 5 千米

53°

附图 1-2　将附图 1-1 中的两个矢量以不同的顺序相加，可以得到相同的结果。也就是说，最后达到的终点与先完成哪一段行程无关

矢量的组成部分

当把相互不垂直的矢量相加时，勾股定理和简单的三角函数已经不足以对其进行处理。在这种情况下，我们会利用矢量的分量来处理。矢量的分量是通过从矢量的头部到每个坐标轴画一条垂直线而找到的标量（附图 1-3）。这些分量是矢量在两个坐标轴上的"垂直投影"。

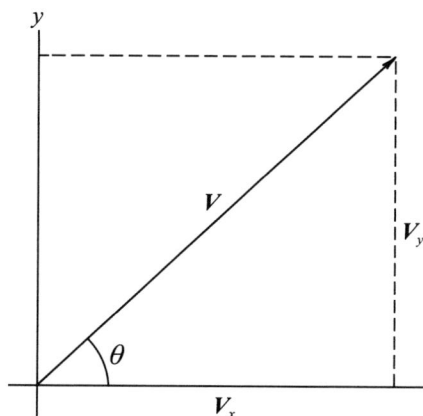

附图 1-3　矢量 V 的 x 轴和 y 轴分量分别为 V_x 和 V_y

使用分量的矢量加法

要把两个或更多的矢量 A、B、C……相加，先要把它们分别分解出 x 轴和 y 轴的分量。那么结果 R 的 x 轴和 y 轴的分量 R_x 和 R_y 就是：

$R_x = A_x + B_x + C_x + ...$
$R_y = A_y + B_y + C_y + ...$
$R^2 = R_x{}^2 + R_y{}^2$

$\tan\theta = R_y / R_x$

例：使用分量添加矢量 A 和 B，其中 $A=3 \measuredangle 0°$，$B=4 \measuredangle 90°$。
解答：

$A_x = 3 \cos 0° = 3 \times 1 = 3$

$A_y = 3 \sin 0° = 3 \times 0 = 0$

$B_x = 4 \cos 90° = 4 \times 0 = 0$

$B_y = 4 \sin 90° = 4 \times 1 = 4$

$R_x = A_x + B_x = 3 + 0 = 3$

$R_y = A_y + B_y = 0 + 4 = 4$

$R^2 = 3^2 + 4^2 = 9 + 16 = 25$

$R = 5$

$\tan\theta = R_y / R_x = 4/3 = 1.33$

$\theta = 53.13°$

答案：$R=5 \measuredangle 53.13°$（如同我们在附图 1-2 中所看到的那样）。

转矩

转矩是衡量一个力促使某物体绕着某一点转动趋向的一个量。转矩用希腊字母 τ 表示。首先从 Q 到力 F 的作用点画一条线 l，就可以知道 F 围绕点 Q 的转矩 τ_Q（附图 1-4）。

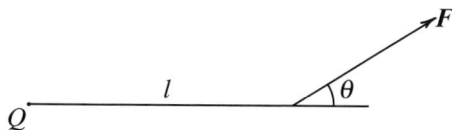

附图 1-4 为了求出力 **F** 对点 **Q** 的转矩，需要画一条从 **Q** 到 **F** 的作用点的线

力 **F** 对点 **Q** 的转矩的大小可以通过将 l 乘以 **F** 垂直于 l 的分量而得到，即 $\tau_Q = lF\sin\theta$。注意，力 **F** 平行于 l 的分量没有针对点 **Q** 的旋转效应（附图 1-5）。如果一个力的旋转效应是顺时针方向的，那么它的转矩被认为是负的；如果一个力的旋转效应是逆时针方向的，那么它的转矩被认为是正的。因此，附图 1-5 中 **F** 的扭矩为：$\tau_Q = + lF\sin\theta$。

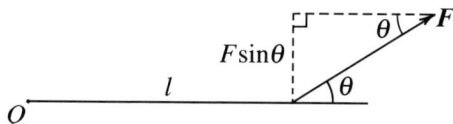

附图 1-5 虚线代表力 **F** 相对于从 **Q** 到 **F** 的作用点的直线 l 的垂直和平行分量

在求若干个力的转矩，将各个转矩相加时，要考虑它们是顺时针方向的（负）还是逆时针方向的（正）。

对根劲与千斤坠的补充分析

下面是对第八章"对根劲与千斤坠的分析"的补充，目的是找到可以不被他人的推力所移动分毫的各个力之间的最优关系。

力的图解

在附图 1-6 中，相对于垂直方向倾斜了一个角度 θ 的 QR 线代表了被推者的轴线。前腿的影响被忽略了，因为当被推者开始失去根劲时，前腿的支撑作用就消失了，这是我们要考虑的极限情况。事实上，有些练习者在演示千斤坠时还会故意将前腿抬离地面。

假设

我们假设被推的人处于可导致左右转身和前后平移力的平衡状态。然后我们将研究其中不同的参数变化时所产生的效果并得出结论。

作用于一个处于平移平衡状态的物体上的所有力的总和必须等于0。对身体来说，当它处于可导致其左右转动的力的平衡状态时，所有关于任何一点的力的转矩之和必须等于0。

旋转稳定性

设置关于点 Q 的转矩之和为 0（见附图 1-6），即：

$$\Sigma\tau_Q = 0$$

$$lP \sin \phi - l'W \sin \theta = 0$$

因此，$P = \dfrac{l'W \sin \theta}{l \sin \phi}$ （公式 1）

请注意，l、l' 和 W 是常数。因此，假设被推者持续保持稳定，我们将研究不同的 θ 和 ϕ 值对被推者所施加的力的大小 P 的影响。P 越大，在被推者不失去稳定性的情况下，推人者所施加的力就越大。

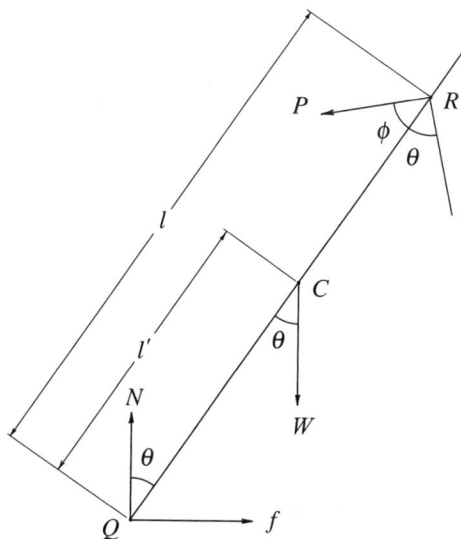

附图 1-6 一个正在演示千斤坠的人所受的力。QR 代表从他的后脚中心点到与外力接触点的直线 [Q ——被推者后脚的中心点；R ——被推者与推人者的接触点；C ——被推者的质心；f ——地面对被推者后脚的摩擦力；N ——地面提供的向上的支撑力；W ——被推者所受的重力（他的体重）；P ——被推者受到的力；ϕ ——线 QR 与 P 方向的夹角；θ ——线 QR 与 N 方向的夹角；l ——Q 到 R 的距离；l' ——Q 到 C 的距离]

结论

根据公式 1，我们发现，随着 θ 的增加，P 也在增加，因为，当 θ 从 0° 增加到 90° 时，$\sin \theta$ 从 0 增加到 1。因此，后腿尽量向后伸，身体向前倾，就会增加 θ，由于体重带来的影响会增加你的稳定性。

另外，当 ϕ 从 0° 增加到 90° 时，$\sin \phi$ 从 0 增加到 1。因为 $\sin \phi$ 在分母，ϕ 的角度越小，力 P 就越大，而被推者的稳定性不会受到任何影响。事实上，当 ϕ 接近 0° 时，P 就会接近无限大。极端条件（P 无限大）意味着无论一个人沿着 QR 线对你施加多大的力，你的稳定性都不会受到威胁。

与地面的摩擦力

通过将所有力的水平分量之和设为 0（保持平衡），可以发现 W、θ 和 ϕ 对地板摩擦力 f 的影响。

假设被推者双脚没有打滑移动，则

$$\Sigma F_x = 0$$

$$f - P \sin(\theta + \phi) = 0$$

因此，$f = P \sin(\theta + \phi)$ （公式 2）

将所有力的垂直分量设为 0，则

$$\Sigma F_y = 0$$

$$N - W - P \cos(\theta + \phi) = 0$$

因此，$N = W + P \cos(\theta + \phi)$ （公式 3）

此外，最大摩擦力由 $f_{max} = \mu_s N$ 得出，其中 μ_s 是地面和被推者的脚之间的静力（非滑动）摩擦系数。μ_s 仅取决于地面的材质（如是木头的还是橡胶的）。

因此，$f_{max} = \mu_s [W + P \cos(\theta + \phi)]$ （公式 4）

结论

请注意，余弦值随着角度的减小而增加。从公式 4 可以看出，随着 θ 和 / 或 ϕ 的减小，f_{max} 会增大。这种关系意味着，你的后腿伸得越远，QR 线就被拉得越长，地板对你后脚的摩擦力就越大，你被推得向后滑动的可能性就越小。

那你该如何调节推人者的推力方向，使其对你有利呢？为此，再来研究一下推人者的推力的反作用力。

根据牛顿第三运动定律，如果物体 A 对物体 B 施加了一个力（作用力），那么 B 会对 A 施加一个大小相等、方向相反的力（反作用力）。因此，当 A（推人者）在某个方向上对 B（被推者）施加一个大小为 P

的力，那么 B 就会自动对 A 施加一个与 P 大小相同、方向相反的反作用力。如果推人者的力有一个向下的分量，那么施加在他身上的反作用力将自动有一个相应的向上的分量。角度 ϕ 越小，B（被推者）的根劲就越稳固（不会失去平衡或被推得向后滑动），A 失去平衡的可能性就越大，其双脚就会滑动。

那么，B（被推者）怎样才能让 A（推人者）沿着 RQ（$\phi=0$）这条线推他呢？答案是：让 B（被推者）对 A（推人者）施加一个向上的力，从而使 A 自动对 B 施加一个向下的反作用力。

请注意，在附图 1-7 中，郑大师的肘部是向上方抬起来的，这迫使帕特里克·沃森的力的一部分是向下的。由沃森施加的向下和向前的分力组成的单一合力将指向郑大师的后脚，从而使郑大师的根劲更加稳固，郑大师就不太可能向后滑动，他反而会将沃森向上抬起，使沃森根基更加不稳，沃森的双脚更有可能向后滑动。

附图 1-7　请注意从郑大师（左，被推者）的后脚中心到帕特里克·沃森（右，推人者）的接触点画出的连线，这条线与他后腿的方向相一致；还请注意，郑大师的右臂是斜着向上顶着推沃森的左臂的，这导致沃森斜着向下推郑大师的手臂

对悬挂的杆摆动的分析

本部分是对第九章的补充。

悬挂在枢轴上的杆的下端被拉起后释放时的摆动（方式2）

下面我们研究一个悬挂在无摩擦枢轴上的杆。将杆的下端以一个角度 θ_i 拉起，然后释放（附图1-8a），此时杆的运动与从肩上放松下垂的手臂被抬起后松开时的运动相近，两者所做的摆动是相同的。与简单的钟摆一样，杆摆动到另一侧的最高点（附图1-8b），最终与垂直方向形成一个角度 θ_f，来回摆动后，摆动幅度在摩擦力的作用下逐渐减小。

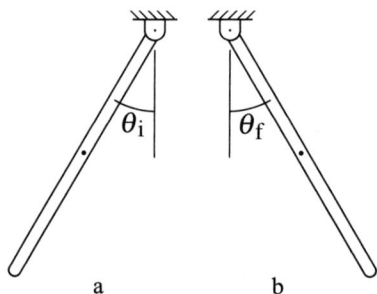

附图1-8　一个物理钟摆，长度为 l、质量为 m 的杆悬挂在一个无摩擦的静止枢轴支点上。a.将杆下端拉起，使其与垂直方向形成一个初始角度 θ_i。b.杆摆动到另一侧的最高点，最终与垂直方向形成一个角度 θ_f

就像单摆一样，悬挂的杆在第一次摆动时，θ_f 大约等于 θ_i，但摆动的幅度会逐渐减小，杆最终会停下来。

☯ 实践 A

身体站立，将你的手臂悬空下垂。感受它的重量，并尽可能地放松手臂和肩膀。然后，在不移动肩膀的情况下，让别人把你的手臂向前抬起来然后将它释放。

注意，你的手臂向后摆动后再向前，几乎达到它开始摆动时的同一高度。然后，它来回摆动，但幅度会越来越小，直到最后完全停下来。看看你在放松手臂时，你的手臂在完全停下来之前摆动的次数是否增加。

枢轴水平移动、突然停止后悬挂杆的摆动（方式3）

下面我们讨论当肩部向前（或向后）移动后突然停止时，下垂的手臂的摆动情况。我们将一个长度为 $2l$、质量为 m 的细杆悬挂在一个无摩擦的枢轴上，使其以恒定的速度 v_0 水平运动（附图1-9a）。让水平移动的枢轴突然在 A 点停止（附图1-9b）。与单摆一样，杆第一次摆动的角度 θ_f 大致等于 θ_i（附图1-9c）。然后杆会来回摆动，摆动幅度逐渐减小，直到静止。

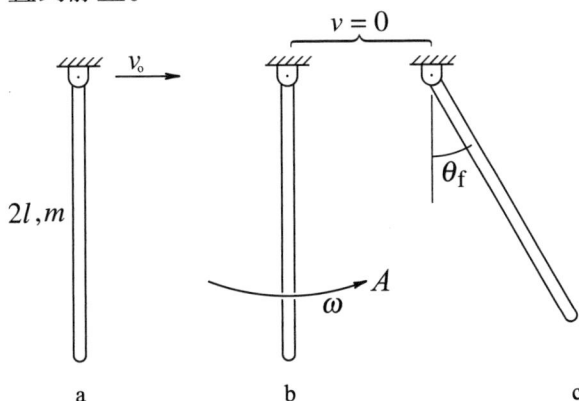

附图1-9 长度为 $2l$（为了简化计算）、质量为 m 的杆挂在一个无摩擦的枢轴上。a. 枢轴以恒定的水平速度 v_0 水平移动。b. 枢轴突然停止并固定，导致杆有一个角速度 ω。c. 杆的下端摆动到最高点，最终与垂直方向形成一个角度 θ_f

分析：研究这样的问题时，通常可以先画一个受力图（附图1-10），显示杆在运动的每个阶段的所有受力。在从 a 到 b 的演变过程中，围绕固定支点 A 的角动量是守恒的，因为只要杆是垂直的，所有的力（重力和由支点施加的其他力）都会经过 A，因此，围绕 A 点的转矩为 0。

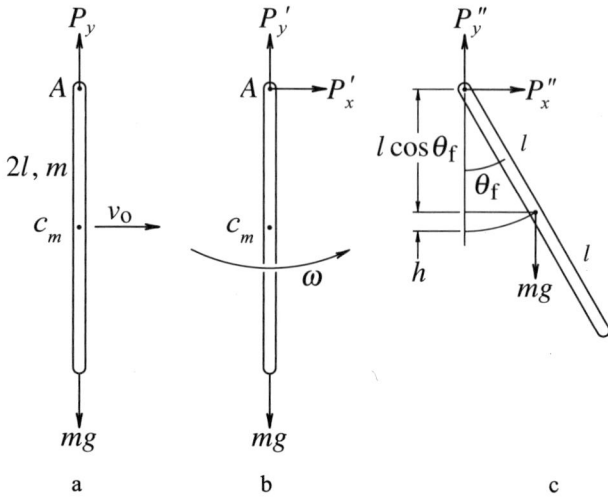

附图 1-10　附图 1-9 中杆本身的受力图。a. 被固定到枢轴上之前的杆。b. 被固定到枢轴上之后的杆。c. 杆已经摆动到最大角度 θ_f。P_x、P_x'、P_x''、P_y、P_y' 和 P_y'' 是整个过程中，枢轴支点对杆所施加的力的 x 轴和 y 轴分量，mg 是杆上的重力，ω 是枢轴支点突然停止并被固定后的杆的角速度

杆对于 A 的初始角动量 L_A 是 mv_ol（其线性动量乘以从 A 到杆质心的距离）。枢轴被固定后，角动量 L_A' 是 $I_A\omega$，其中 $I_A = m(2l)^2/3 = 4ml^2/3$ 是相对于 A 点的惯性矩，ω 是杆在枢轴被固定后的角速度。因此，$L_A' = 4ml^2\omega/3$。将固定前瞬间的角动量设定为与固定后瞬间的角动量相等，我们得到：

$$L_A = L_A'$$

$$mv_ol = 4ml^2\omega/3$$

上述表达式可以简化为：

$$\omega = 3v_o/4l$$

一旦枢轴被固定，机械能就会守恒，因为除了重力之外，没有其他力做功。因此，当杆相对于垂直方向达到最高角度 θ_f 时，杆的初始

动能就全部转化为势能。枢轴被固定后，杆的旋转动能是 $I_A\omega^2/2$。当杆达到 θ_f（动能 = 0）时，势能的增加量为 mgh，其中 $h = (l-l\cos\theta_f) = l(1-\cos\theta_f)$。因 a 处的初始动能等于 c 处的最终势能（能量守恒），则：

$$(4ml^2/3)\omega^2/2 = mgl\,(1-\cos\theta_f)。$$

$$(4l/3)\omega^2/2 = g\,(1-\cos\theta_f)。$$

将 $\omega= 3v_o/4l$ 代入，则

$$(2l/3)(3v_o/4l)^2 = g\,(1-\cos\theta_f)$$

$$\cos\theta_f = 1-3v_o^2/\,(8\,gl) \qquad （公式1）$$

其中 $g = 9.8\,\mathrm{m/s}^2$，是重力加速度。请注意，上述结果与杆的质量无关。

直观的解释。当悬挂杆的枢轴突然停止时，悬挂杆的顶部也必然停止。但是杆的其他部分仍在运动，而这种运动往往会继续下去，因此，杆的运动将围绕枢轴的旋转。然而，重力的拉动会减缓其向上的旋转，直到杆在摆动的最高点瞬间停止，然后开始向回摆动。

与太极拳的关系。为了模拟太极拳动作的典型条件，我们可以估计人的手臂长度约为 2/3m，肩膀移动的速度约为 0.5m/s。

将 v_o=0.5 m/s，$2l$=2/3 m，g=9.8 m/s^2 代入公式1，则

$$\cos\theta_f = 1-3\times0.5^2/\,(8\times9.8\times1/3)$$

$$\cos\theta_f = 0.9713$$

求解后得到

$$\theta_f=13.8°$$

☯ 实践 B

将你的手臂放松地下垂，好似挂在肩膀上。肩膀向前移动，然后突然停下来。注意，你的手臂会继续向前移动，然后前后交替摆动，振幅逐渐减小，直到停止。

当枢轴被水平加速移动时，无摩擦悬挂杆的摆动（方式 4）

再次讨论一根悬挂在无摩擦枢轴上的杆的例子。枢轴突然被加速移动时杆的运动与从肩上放松下垂的手臂在肩膀加速移动时的运动相近（附图 1-11）。

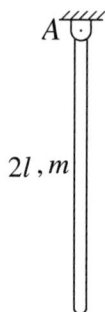

附图 1-11　一根长度为 $2l$、质量为 m 的杆静止地悬挂在一个无摩擦的枢轴上（A 点）。枢轴支点以 a_A 的加速度向右移动

分析：我们接下来将研究悬挂的杆在枢轴支点向右加速移动时的运动。请参考附图 1-12 中的受力图。

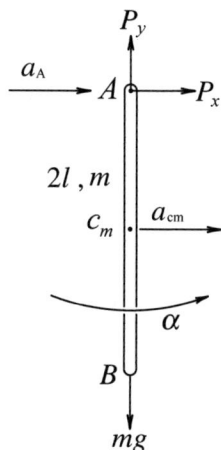

附图 1-12　一根长度为 $2l$、质量为 m 的杆静止地悬挂在一个无摩擦的枢轴上（A 点），枢轴支点向右加速移动时的受力图。这样的图显示了杆上的所有受力。P_x 和 P_y 分别是支点对杆施加的力的 x 轴和 y 轴的分量，mg 是对杆施加的引力（重力），a_{cm} 是杆质心的加速度。另外，A 点和 B 点分别位于杆的顶部支点和底端

将要使用的方程式是 $\Sigma F=ma_{cm}$（所有力的总和 ΣF 等于质量与质心的加速度 a_{cm} 的乘积），而 $\Sigma\tau_{cm}=I_{cm}\alpha$（$\Sigma\tau_{cm}$ 是关于质心的所有转矩的总和，I_{cm} 是质心的转矩，α 是杆的角加速度，假设它是逆时针的）。

杆仍然是垂直时，它在 y 轴方向上是平衡的，所以 $P_y=mg$。而加速度在 x 轴方向上，应用牛顿第二运动定律，$\Sigma F = ma_{cm}$ 在 x 轴方向，我们得到

$$P_x = ma_{cm}$$

应用 $\Sigma\tau_{cm}=I_{cm}\alpha$，并将逆时针方向作为正数，我们得到

$$-P_x l = m[(2l)^2/12]\alpha$$

结合上述两个方程，我们得到

$$-ma_{cm} l = (ml^2/3)\alpha$$

简化后得到

$$a_{cm} = -l\alpha/3 \qquad （公式 1）$$

相对加速度

$$a_B = a_{B/cm} + a_{cm} \qquad （公式 2）$$

但

$$a_{B/cm} = l\alpha \qquad （公式 3）$$

将公式 1 和公式 3 代入公式 2，得到

$$a_B = l\alpha - l\alpha/3$$

$$a_B = 2l\alpha/3 \qquad （公式 4）$$

类似

$$a_A = a_{A/cm} + a_{cm} \qquad （公式 5）$$

但

$$a_{A/cm} = -l\alpha \qquad （公式 6）$$

将公式 1 和公式 6 代入公式 5，得到

$$a_A = -l\alpha - l\alpha/3$$

$$a_A = -4l\alpha/3 \qquad （公式 7）$$

比较公式 4 和公式 7，我们看到

$$a_B = -a_A/2$$

结论。当杆顶端的枢轴向右以加速度 a 移动时，底端以加速度 $a/2$ 向左移动。

直观的解释。当悬挂的杆的枢轴突然向右移动时，悬挂的杆的顶部也必须向右移动。但是杆其他部分都有静止惯性，这导致它们滞后。因此，杆会围绕枢轴向后（向左）摆动。

参考书目

Ball, Robert. *Wonders of Acoustics*. New York: Charles Scribner & Co., 1870.

Brown, Carl. *The Law and Martial Arts*. Santa Clarita, CA: Ohara Publications, Inc., 1998.

Chen, Yearning K. *Tai-Chi Chuan: Its Effects and Practical Applications*. Van Nuys, CA: New Castle Publishing Co., 1979.

Cheng Man-ch'ing and Robert Smith. *T'ai-Chi: The "Supreme Ultimate" Exercise for Health, Sport, and Self-Defense*. Rutland, VT: Charles E. Tuttle Co., 1969.

Cheng Man-ch'ing. *Cheng Tzu's Thirteen Treatises on T'ai Chi Ch'uan*. Translated by Benjamin Pang Jen Lo and Martin Inn. Berkeley, CA: North Atlantic Books, 1981.

———. *Master Cheng's Thirteen Chapters on T'ai-Chi Ch'uan*. Translated by Prof. Douglas Wile. Brooklyn, NY: Sweet Ch'i Press, 1982.

———. *T'ai Chi Chuan: A Simplified Method of Calisthenics for Health & Self-Defense*. Richmond, VA: North Atlantic Books, 1981.

Chin, Sam F.S. *I Liq Chuan: Martial Art of Awareness*. Mount Kisco, NY: Chin Family I Liq Chuan Association, 2006.

Chuckrow, Robert. "A Biological Interpretation of Ch'i." *Qi: The Journal of Traditional Eastern Health & Fitness* 21, no. 3 (Autumn 2011).

———. "A Clarification of 'Secret' Teachings Revealed by Cheng Man-ch'ing." *Qi: The Journal of Traditional Eastern Health & Fitness* 20, no. 4 (Winter 2010).

———. "Stepping Like a Cat." *Qi: The Journal of Traditional Eastern Health & Fitness* 24, no. 3 (Autumn 2014).

———. *T'ai Chi Ch'uan: Embracing the Pearl*. Briarcliff Manor, NY: Rising Mist Publications, 1995. Republished as *The Tai Chi Book*. Boston: YMAA Publication Center, 1998.

———. *Tai Chi Dynamics*. Wolfeboro, NH: YMAA Publication Center, 2008.

———. *Tai Chi Walking*. Wolfeboro, NH: YMAA Publication Center, 2002.

———. *The Tai Chi Book*. Wolfeboro, NH: YMAA Publication Center, 1998.

Fu Zhongwen. *Mastering Yang-Style Taijiquan*. Trans. Louis Swaim. Berkeley, CA: Blue Snake Books, 2006,

Hayes, Stephen K. *The Ninja and Their Secret Fighting Art*. Rutland, VT: Charles E. Tuttle Company, 1981.

Ho, George K. W. "Going Beyond the Term Relaxation," *Tai Chi Magazine* 38, no. 1 (Spring 2014): 6–9.

太极拳新解

LeBoyer, Frederick, *Birth Without Violence*. New York: Alfred A. Knopf, 1980.

Lee Ying-arng. *Lee's Modified Tai Chi for Health*. Honolulu: Mclisa Enterprises, 1968.

Liang, T.T. *T'ai Chi Ch'uan for Health and Self-Defense: Philosophy and Practice*. New York: Vintage Books, 1977.

Liao, Waysun. *T'ai Chi Classics*. Boston: Shambhala, 2000.

Lo, Benjamin Pang-jeng, ed. *The Essence of T'ai Chi Ch'uan, The Literary Tradition*. Berkeley, CA: North Atlantic Books, 1985.

Manser, Martin H. *Concise English-Chinese Chinese-English Dictionary*, 2nd ed. Hong Kong: Oxford University Press, 1999.

Nelson, Andrew N. *The Modern Reader's Japanese-English Character Dictionary: Original Classic*. North Clarendon, VT Tuttle Publishing, 1995.

Pollack, *Gerald H. Cells, Gels, and the Engines of Life*. Seattle: Ebner and Sons Publishing, 2001.

Pollack, Gerald H. *The Fourth Phase of Water*. Seattle: Ebner and Sons Publishing, 2013.

Shaw, Edward R. *Physics by Experiment*. New York: Maynard, Merrill, & Co., 1897.

T'ai-Chi Ch'uan, Body and Mind. New York: Tai Chi Chuan Association, 1968.

Vaccari, Oreste, and Enko Elsoa Vaccari. *Pictorial Chinese-Japanese Characters*. Rutland, VT: Charles E. Tuttle Co., 1950.

Webster's New International Dictionary of the English Language, 2nd Edition, Unabridged. Springfield, MA: G. & C. Merriam Co., 1954.

Wile, Douglas, comp and trans. *T'ai Chi Touchstones: Yang Family Secret Transmissions*. Brooklyn, NY: Sweet Ch'i Press, 1983.

Yang Chengfu. *The Essence and Applications of Taijiquan*. Translated by Louis Swaim. Berkeley: Blue Snake Books, 2005.

Zhongwen, Fu. Mastering Yang-Style Taijiquan. Translated by Louis Swaim. Berkeley, CA: Blue

后记

我通过几十年的教学和写作，分享了我学到的太极拳、健身气功、营养学、胎教音乐的起源和键盘乐器调音的历史等知识，我自己在这个过程中也获益匪浅。在得知别人因为我的这些作品而充实了自己后，我也获得了很多成就感。这就是我写本书的动机。

我的目标不仅仅是帮助太极拳练习者和教练，也是让太极拳能够展现它本来的面貌。在太极拳的传承过程中，很多重要的元素都被删除了，而且往往没有被对外传授。这不是因为它们本身很难学，而是因为它们已经被隐藏了几个世纪，已难以被掌握和传播。我在解读和阐述一些晦涩难懂的太极拳概念时，运用了我在研究不同学科时学到的知识，如动觉觉知法、物理学、哲学，以及其他内家拳（如八卦掌、意力拳）和日本忍术等的相关知识。

本书的主题基本上涉及了两个方面。一个方面是扩张力，它经常被神秘地描述为气或意。虽然我在书中没有涵盖这个方面的全部科学基础，但我提供了一个开端，以便其他人可以进一步对之进行研究。另一个方面是骨盆相对于手的运动时机，以期能最大限度地将来自地面的力通过整个身体发放到外面。这两个方面都是自然存在的，但却很容易被忽视，而且常常被误解。

我希望本书的其余内容也能为读者带来益处。我尝试着以一种不经常使用的方式来更清晰地表达这些内容，还特意省略了一些已在其他地方明确解释过的内容。我只收录了我在足够长的时间内亲身经历过的主题，以确保它与太极拳论的精神相一致，并与技艺高超的太极拳大师们所展示的以及所希望传承的东西相匹配。

　　我也希望这本书能促使其他人进一步解读太极拳中隐藏的概念，使其更容易被理解。

武学名家典籍丛书

杨澄甫武学辑注 《太极拳使用法》《太极拳体用全书》	杨澄甫　著 邵奇青　校注
孙禄堂武学集注 《形意拳学》《八卦拳学》《太极拳学》 《八卦剑学》《拳意述真》	孙禄堂　著 孙婉容　校注
陈微明武学辑注 《太极拳术》《太极剑》《太极答问》	陈微明　著 二水居士　校注
薛颠武学辑注 《形意拳术讲义上编》《形意拳术讲义下编》 《象形拳法真诠》《灵空禅师点穴秘诀》	薛　颠　著 王银辉　校注
陈氏太极拳图说（简体大字版）	陈　鑫　著　陈东山　点校
陈鑫陈氏太极拳图说（配光盘）	陈　鑫　著　陈东山　陈晓龙　陈向武　校注
李存义武学辑注 《岳氏意拳五行精义》 《岳氏意拳十二形精义》《三十六剑谱》	李存义　著 阎伯群　李洪钟　校注
董英杰太极拳释义	董英杰　著　杨志英　校注
刘殿琛形意拳术抉微	刘殿琛　著　王银辉　校注
李剑秋形意拳术	李剑秋　著　王银辉　校注
许禹生武学辑注 《太极拳势图解》 《陈氏太极拳第五路·少林十二式》	许禹生　著 唐才良　校注
张占魁形意武术教科书	张占魁　著　王银辉　吴占良　校注
王茂斋太极功	季培刚　辑校
太极拳正宗	杜元化　著　王海洲　点校
太极拳图谱（光绪戊申陈鑫抄本）	陈　鑫　著　王海洲　藏
陈金鳌传陈式太极拳暨手抄陈鑫老谱	陈金鳌　编著　陈凤英　收藏 吴颖锋　薛奇英　点校
黄元秀武学辑录 《太极要义》《武当剑法大要》 《武术丛谈续编》	黄元秀　编著 崔虎刚　点校

民间武学藏本丛书

守洞尘技	崔虎刚 校注
通背拳	崔虎刚 校注
心一拳术	李泰慧 著 崔虎刚 校注
少林论郭氏八翻拳	崔虎刚 校注
拳谱志三	崔虎刚 点校
少林秘诀	崔虎刚 校注
拳法总论	崔虎刚 点校
少林拳法总论	崔虎刚 点校
母子拳	崔虎刚 点校
绘像罗汉短打	升霄道人 编著 崔虎刚 点校
六合拳谱	崔虎刚 点校
单打粗论	崔虎刚 点校

拳道薪传丛书

三爷刘晚苍——刘晚苍武功传习录	刘源正 季培刚 编著
乐传太极与行功	乐匋 原著 钟海明 马若愚 编著
慰苍先生金仁霖太极传心录	金仁霖 著
中道皇皇——梅墨生太极拳理念与心法	梅墨生 著
杨振基传太极拳内功心法	胡贯涛 著
卢式心意拳传习录	佘江 编著
习练太极拳之见闻与体悟	陈惠良 著
廉让堂太极拳传谱精解	李志红等 编著
武当叶氏太极拳	叶绍东 何基洪 蔡光復 著
无极桩阐微	蔡光復 蔡昀 著
功夫上手——传统内功太极拳拳学笔记	陈耀庭 著 霍用灵 整理
会练会养得真功	邵义会 著
八极心法——传统八极拳，现代研修法	徐纪 著
犹忆武林人未远 ——民国武林忆旧及安慰武学遗录	安慰 著 阎子龙 田永涛 整理
推手践习录	王子鹏 著
刘纬祥形意拳雏释	马清藻 著 马道远 马彦彦 整理
大道太极：太极拳道修诀要	黄震寰 著
我跟芗老学站桩——六十年站桩养生之体悟	程岩 著

武学古籍新注丛书

王宗岳太极拳论	李亦畬 著　二水居士　校注
太极功源流支派论	宋书铭 著　二水居士　校注
太极法说	二水居士　校注
手战之道	赵　晔　沈一贯　唐顺之　何良臣　戚继光　黄百家　黄宗羲　著　王小兵　校注
李氏太极拳谱	〔清〕李亦畬　著

百家功夫丛书

张策传杨班侯太极拳108式（配光盘）	张　喆　著　韩宝顺　整理
河南心意六合拳（配光盘）	李洳波　李建鹏　著
形意八卦拳	贾保寿　著　武大伟　整理
王映海传戴氏心意拳精要（配光盘）	王映海　口述　王喜成　主编
张鸿庆传形意拳练用法释秘	邵义会　著
华岳心意六合八法拳	张长信　著
戴氏心意拳功理秘技	王　毅　编著
传统吴氏太极拳入门诀要（配光盘）	张全亮　著
吴式太极拳八法（配光盘）	张全亮　马永兰　著
拳疗百病——39式杨氏养生太极拳（配光盘）	戈金刚　戈美葳　著
非视觉太极——太极拳劲意图解	万周迎　著
轻敲太极门——太极拳理法与势法	万周迎　著
冯志强混元太极拳48式	冯志强　编著　冯秀芳　冯秀茜　助编
刘晚苍传内家功夫与手抄老谱	刘晚苍　刘光鼎　刘培俊　著
赵堡太极拳拳理拳法秘笈	王海洲　著
京东程式八卦掌	奎恩凤　著
功夫架——太极拳实用训练	朱利尧　著
道宗九宫八卦拳	杨树藩　著
三十七式太极拳劲意直指	张耀忠　张　林　厉　勇　著
说手——太极拳静思录（全四卷）	赵泽仁　张　云　著
太极拳心法体用——验证与释秘	宋保年　杨　光　编著
宋氏形意拳及内功四经精解	车润田　著　车铭君　车　强　编著
陈式太极拳第二路——炮捶	顾留馨　著
孙式太极拳心解：三十年道功修习体悟	张大辉　著
王文魁传程氏八卦掌精要	王雪松　编著
吴式太极拳三十七式诠真	王培生　著
鞭杆拳技法与健身	毛明春　毛子木　著
龙形八卦掌	邵义会　著

国术档案系列

太极往事	季培刚 著

功夫探索丛书

内家拳的正确打开方式	刘 杨 著
借力——太极拳劲力图解	戴君强 著
武学内劲入门实操指导	刘永文 著
武术的科学：实战取胜的秘密	〔日〕吉福康郎 著 宋卓时 译
格斗技的科学：以弱胜强的秘密	〔日〕吉福康郎 著 宋卓时 译
借势：武术之秘	沈 诚 著
太极拳肌内解剖图解	〔西〕伊莎贝尔·罗梅罗·阿 尔比奥尔等 著 刘旭彩 胡志华 译
内家拳几何学：三维空间里的劲与意	庞 超 著
内家醍醐	刘 杨 著
太极拳新解	〔美〕罗伯特·查克罗 著 解乒乒 丁保玉 译

格斗大师系列

伊米大师以色列格斗术	〔以〕伊米·利希滕费尔德 伊亚·雅尼洛夫 著 汤方勇 译
拳王格斗：爆炸式重拳与侵略性防守	〔美〕杰克·邓普西 著 史旭光 译
至柔之道：费登奎斯身心学之基石	〔以〕摩谢·费登奎斯 著 龚茂富 译

格斗技图解系列

泰拳入门技术图解	〔德〕克里斯托夫·德尔普 著 滕达 译
巴西柔术技术图解	〔巴西〕亚历山大·派瓦 著 薄达 译
健身拳击训练指南	〔加拿大〕安迪·杜马斯 杰米·杜马斯 著 赵 彧 孙智典 译
武术格斗解剖学图谱	〔美〕诺曼·林克 莉莉·周 著 常一川 译
马伽术高级战训教本	〔美〕大卫·卡恩 著 汤方勇 译

246